いちばんやさしい
日本語教育入門

今井新悟

Easiest Introductory
Japanese Teacher's Manual

プロローグ

　本書はこれから日本語教師になる人や、すでに日本語を教えていて、知識を再確認したい人のための入門書です。すでに類書が多数ありますが、屋下に屋を架すのは、本書には他とは異なる三つの特徴があるからです。

　まず、本書は類書の中でもっともわかりやすい「入門書の中の入門書」です。これが第一の特徴です。母語話者はもちろん、非母語話者も念頭に置いたので、語彙・文章をやさしく、ふりがなも多くしています。ですから、初心者の日本語母語話者だけでなく、非母語話者でも十分読みこなせると思います。

　また、本書は「音声」「文字・語彙」「文法」「言語と社会」「教育法」の全5章の構成となっています。理論的な知識だけではなく、実践的なことが学べるように工夫しました。これが第二の特徴です。

　そして、本書にはとても長いエピローグがあります。これが第三の、そして最大の特徴です。著者と編集者との対談形式で、著者の思いを存分に語っています。どうぞお楽しみください。

今井新悟

第1章　音声

- 008　**1. 音と音声**
- 010　**2. 音声器官**
- 013　2.1. 有声音と無声音
- 013　2.2. 有気音と無気音
- 016　2.3. 調音点と調音法
- 016　**3. 日本語の音声**
- 017　3.1. 母音
- 017　3.2. 子音
- 018　3.3. 母音の無声化
- 018　3.4. 音節
- 020　**4. 日本語のリズム（音声・拍）**
- 022　**5. アクセント**
- 022　5.1. アクセントの種類
- 022　5.2. アクセント核
- 023　5.3. アクセントの法則
- 023　5.4. 複合名詞のアクセント
- 026　5.5. 動詞のアクセント
- 030　5.6. 複合動詞のアクセント
- 031　5.7. 形容詞のアクセント
- 032　**6. イントネーション**

第2章　文字・語彙

- 042　**1. 文字**
- 042　1.1. ひらがな
- 046　1.2. カタカナ
- 048　1.3. 漢字
- 049　1.4. 漢字の成り立ち
- 050　1.5. フォント
- 052　**2. 語彙**
- 052　2.1. 基本語彙
- 053　2.2. 基礎語彙
- 053　2.3. 理解語彙と使用語彙
- 054　2.4. 延べ語数と異なり語数
- 054　**3. 語の種類**
- 054　3.1. 和語
- 054　3.2. 漢語
- 055　3.3. 和製漢語
- 056　3.4. 和製漢字
- 056　3.5. 外来語
- 058　3.6. 和製英語
- 059　3.7. 混種語
- 060　**4. 語構成**
- 060　4.1. 複合語
- 061　4.1.1. 複合名詞
- 063　4.1.2. 複合動詞
- 065　4.1.3. 複合形容詞
- 066　4.2. 派生語
- 067　4.3. 縮約語
- 070　**5. 類義語**

第3章　文法

084	**1. 語順**
086	**2. 品詞**
086	2.1. 名詞
086	2.2. 指示詞
096	2.3. 形容詞
096	2.3.1. イ形容詞とナ形容詞
104	2.3.2. 属性形容詞と感情・感覚形容詞
106	2.3.3. 形容詞の文型
109	2.4. 動詞
109	2.4.1. 動詞のグループ
111	2.4.2. 動詞のテ形
112	2.4.3. 動詞の活用
113	2.4.4. 自動詞・他動詞と格
124	2.4.5.「いる」と「ある」
125	2.4.6. 意志動詞と無意志動詞
127	2.4.7. 授受動詞（やりもらい）
130	2.4.8. 可能形
133	2.4.9. 可能形と助詞
135	2.4.10. 能力可能と状況可能
136	2.5. 副詞
138	2.5.1. オノマトペ
140	2.6. 接続詞と接続助詞
140	2.7. 助動詞
141	2.7.1.「のだ」
149	2.8. 助詞
149	2.8.1.「に」
155	2.8.2.「へ」
156	2.8.3.「で」
159	2.8.4.「を」
161	2.8.5.「と」
163	2.8.6.「まで」と「までに」
164	2.8.7. 格助詞の階層
164	2.8.8.「は」と「が」
168	2.8.9.「ね」と「よ」
169	**3. テンス（時制）**
169	3.1. テンスの形と意味
171	3.2. 従属節のテンス
176	**4. アスペクト**
176	4.1. アスペクトによる動詞の分類
180	4.2.「てある」と「ておく」
180	4.2.1.「てある」
180	4.2.2.「ておく」
181	4.2.3.「結果の状態」の意味の違い
184	**5. ヴォイス（態）**
184	5.1. ヴォイスの特徴
185	5.2. 受身（受動態）
185	5.2.1. 直接受身
187	5.2.2. 間接受身
188	5.2.3. 持ち主の受身
189	5.2.4. 受身と視点
192	5.3. 使役態
194	**6. モダリティ**

第4章　言語と社会

- 202　1. 共通語・標準語
- 204　2. 方言
- 204　3. 日本語はいくつある？
- 205　4. 公用語と国語
- 205　5. 位相
- 207　6. 社会言語能力・社会文化能力
- 210　7. 非言語コミュニケーション

第5章　教育法

- 216　**1. コースデザイン**
- 216　1.1. ニーズ分析・学習目標・環境
- 218　1.2. シラバスと教授法
- 221　1.3. 新しい教育方法
- 222　**2. 教材**
- 222　2.1. 教材・教具
- 223　2.2. 教材分析
- 224　2.3. 教材開発
- 225　**3. テストと評価**
- 225　3.1. 評価の種類
- 225　3.2. テストの種類
- 228　3.3. テストの分析
- 231　3.4. テスト以外の評価法
- 233　**4. 教室活動**
- 233　4.1. いろいろな活動
- 236　4.2. 教師と学習者
- 236　4.2.1. グループダイナミックス
- 236　4.2.2. 使用言語・媒介語
- 236　4.2.3. インタラクション
- 237　4.2.4. フィードバック

- 241　**エピローグ「教えない教え方」**

QRコードを活用しよう！

本書では右のようなQRコードを掲載しています。
理解の助けになるもの、
知識が深められるものを集めましたので、
コードが出てきたらぜひアクセスしてみてください。

動画をチェック！
「インコの昔話」

QRコードが使えない場合やPCからアクセスする場合は、
下記ホームページにリンク集がございますのでご覧ください。
https://www.ask-books.com/978-4-86639-191-5/

第1章
音声

1. 音と音声

音声器官である口は、もともとは物を食べるためにあります。口を使って音を出すのは、二次的な機能です。人間は、それらを自由自在に操ることで、たくさんの、異なった音をつくることができます。

類人猿の中で最も人に近いチンパンジーでも、音声器官が人ほど発達していないため、人ほど複雑な音を出すことができません。

雷や車が走る「音」に対して、人や動物が音声器官を使って出す音は「**音声**」(または「声」)と呼ばれます。人だけでなく、動物も音声を出すことができます。しかし、チンパンジーが出す音声や、オウムやインコのように人の話し声をまねて出す音声は、人が話す「**ことば**」とは異なります。チンパンジーや鳥は音声を出すことはできますが、ことばを使えません。人の音声がことばであり、他の動物の音声はことばでないのは、人のことばが**二重分節性**[注]を持っているからです。

手話は、音がないから言語じゃないですよね？

言語だよ。音声はないけどジェスチャーとは違う。手話はちゃんと言語としての構造を持ってるいるんだ。

[注] 意味を持たない、そして数が限られている音素（第一分節）を使って、原理的には無限の意味のある語（第二分節）をつくることができます。（音素についてはこのあとすぐ、詳しく解説します。）この二重構造を二重分節性と呼びます。例えば音素 /h/ と音素 /a/ を組み合せれば、/ha/「歯」になります。さらに /haha/ とすれば「母」になります。動物の鳴き声の場合はこういうことは起こりません。例えば、犬の鳴き声 /wan/ を組み合せて /wanwan/ にしたら別の意味になるということはありません。

第1章 音声

1. 音と音声

オウムやインコは人の声をまねるのがとても上手です。このような鳥は、よく動く喉のような器官を使っていろいろな音を出します。また、舌もよく発達していて、これもいろんな音を出すのに役立っています。次のビデオのように、とても長く話しをしているように見えるものもありますが、これはあくまでも人の声をまねした「音」であって、コミュニケーションのための「ことば」を話しているのではありません。

動画をチェック！
「インコの昔話」

音声は実際に発声される音ですが、**音素**（おんそ）は実際に発声される音ではありません。音素とは、ある言語を話す人たちにとっては同じように聞こえる似たような音声を一つにまとめたものです。

例えば、日本語を話す人たちは「はひふへほ」を [ha çi ɸɯ he ho] と発音します。音声は [ ] の中に音声記号を書いて表します。[h] は声門で出す音で、[a] [e] [o] の前にある場合の発音です。[i] の前では [ç] になります。舌を持ち上げ、舌と硬口蓋とで隙間を作って出す音です。[ɯ] の前では [ɸ] になります。唇を丸めて出す音です。このように、三つの異なった音ですが、日本語母語話者はそれらの違いは気にしません。母音の部分は違っても、子音の部分はみんな同じだと感じます。[h] と [ç] と [ɸ] をまとめて、/h/ と表し、音素と呼びます。音素は / / で表します。

次のページのイラストを見てみよう！

同じ音素の中の異なる音は**異音**（いおん）と呼ばれます。例えば、「ん」にもいろいろな音声がありますが、日本語母語話者はすべて同じ音であると感じています。これらの異音をまとめて、音素 /N/ で表します。

2. 音声器官

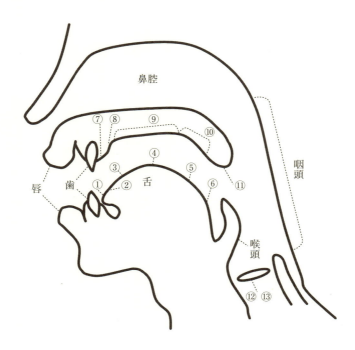

　音声、つまり声を出すのに使われる部分を**音声器官**と言います。音声器官がいろんな形に変わることで、肺から出た空気はいろんな音色に変わります。

舌（した）：音声器官の中で一番活発に動いて、微妙な違いのある音をつくるので、部分ごとに名称が細かく分かれています。前の方から次のような順番になります。

　　舌先（ぜっせん）（舌の一番先）① → **舌端**（ぜったん）（舌尖の横）②
　　→ **前舌**（ぜんぜつ）③ → **中舌**（ちゅうぜつ）④ → **後舌**（こうぜつ）（または**奥舌**（おくじた））⑤ → **舌根**（ぜっこん）⑥

　舌は前の方はよく、そして細かく動かすことができます。舌の後ろの方は上げたり下げたりはできますが、あまり細かい動きはできず、また、どこ

についているか、どういう状態にあるのかを感じることが難しいです。

唇：上と下の唇を閉じたり、開いたりして音をつくります。英語には下の唇
<small>くちびる</small>
と上の歯を使ってつくる音 [f] がありますが、日本語には唇と歯を使った
音はありません。もちろん、日本人でもそういう音はつくることはできま
すが、日本語ではそういう音は、意味を持たないということです。

歯：上の歯と舌先で作られる音を**歯音**と言います。英語の 'Thank you.' の 'th'
<small>は</small>　　　　　　　　　　　　　　　　　　　　<small>しおん</small>
の音 [θ] ですが、日本語にはこの音はありません。また、下の歯と上の唇
で音をつくるような言語はありません。音をつくるためには上の歯の方が
下の歯よりも大事だということになります。ところで、日本語には歯を使っ
て出す音はありませんから、歯が抜けても日本語の発音はできるはずです。
しかし、歯が抜けると、サ行やタ行の発音がうまくできないということが
起きることがあります。これは、歯があるときとないときでは、空気の流
れが変わってしまうからですが、舌の動き、形を変える練習をすると、歯
が抜けていても正しく発音できるようになります。では、歯を使う発音で
ある 'th' は、歯がない人は発音できないでしょうか。原理的には歯がない
のでできません。しかし、歯の代わりに歯茎を使って、'th' に「近い」音
をつくることはできます。それで十分コミュニケーションもできます。

歯茎⑦：歯の後ろの盛り上がったところを指します。
<small>しけい</small>

歯茎硬口蓋⑧：歯茎と硬口蓋の間の部分。
<small>しけいこうこうがい</small>

硬口蓋⑨：口蓋（口の中の上の方。蓋は「ふた」の意味です。）の前よりの部
<small>こうこうがい</small>
　　　分で、硬いところ。硬いのは骨です。舌で触ると硬いのがわかります。

軟口蓋⑩：口蓋の後ろよりの部分で、軟らかいところ。
<small>なんこうがい</small>

口蓋垂（のどひこ）⑪：口蓋の先端の垂れ下がっている部分。
<small>こうがいすい</small>

声帯⑫：二枚のひだのこと。これが震えて声になります。
<small>せいたい</small>

声門⑬：声帯によってつくられるすきま。下の図のように、門のように開いたり閉じたりします。

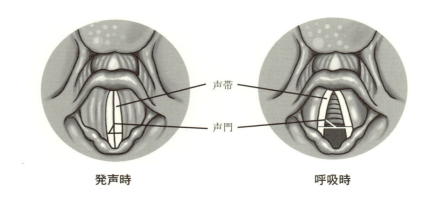

発声時　　　　　　　　　呼吸時

動画をチェック！
「声帯の動き」

　唇、舌、声帯を自由に操ることで、たくさんの、異なった音をつくることができます。ほとんどの言語では、吐く息を使って音を出しますが、息を吸い込みながら音を出す変わった言語がアフリカにたくさんあります。

2.1. 有声音と無声音

有声音は声帯が振動して出る音です。声帯が軽く合わさり声門が閉じている状態で肺から上に息が送られると、声帯が震えて音がでます。有声音を出しながらのどに手を当てると声帯の振動を感じることができます。例えば、「アー」と言いながら、のどに手を当ててみてください。アイウエオの母音はすべて有声音です。

無声音は声帯の振動がない音です。声帯が離れて、声門は大きく開いています。たとえば、日本語では静かにしてください、という意味で「シー」ということがあります。そのときの [ʃ] も「さ」[sa] の [s] も無声音なので、のどに手を当てて [s] だけを長く発音すると、振動が感じられません。

子音には有声音と無声音があります。[p] と [b] は口の形が同じで、対になる音ですが、[p] は無声音、[b] は有声音です。

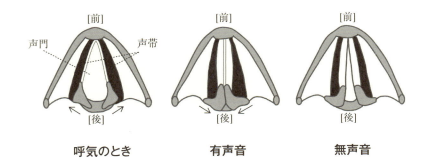

呼気のとき　　　有声音　　　無声音

2.2. 有気音と無気音

日本語では、有声音と無声音で意味が変わります。例えば、「電気（でんき）」と「天気（てんき）」です。

息を一旦止めて、その直後に強く息を吐きながら出す音を**有気音**と言います。例えば、息を止めて、そのあと、大きくため息をついたときに出る音は有気音になっています。息を一旦止めて、その直後に弱く息を吐きながら出す音を**無気音**と言います。例えば、「ペラペラ」と言うとき、最初の「ペ」は有気音で、後の「ペ」は無気音で発音します。このとき、有気音は [pʰ]、無気音は [p] と表します。日本語では有気音と無気音で意味が変わることはありません。「ペラペラ」のペを両方有気音で言っても、無気音で言っても意味に違いはありま

せん。日本語母語話者は普段、その違いに気づくことはありません。一方、韓国語や中国語では有気音と無気音の違いによって意味が変わりますが、有声音と無声音で意味が変わることはありません。そのため、韓国語や中国語を母語とする人が日本語を学ぶときに、有声音と無声音の違いに気づきにくかったり、発音を間違えたりすることがあります。無声音 [t] と有声音 [d] の違いがわからなくなって、「だいがく（大学）」を「たいがく」、「わたし（私）」を「わだし」のように間違うことがあります。

　語のはじめの音の間違い「たいがく」を「だいがく」に直すには、まず、「た」の前に母音、例えば「う」をつけて「うだいがく」と発音します。そして、「う」の発音を短くしていき、「だいがく」と言えるようにします。

　語の中の音の間違い「わだし」を「わたし」に直すには、まず、[watʰaʃi] のように有気音で発音します。[tʰ] は無声の有気音です。韓国語や中国語にある音ですから、発音はできますし、「た」に聞こえますが、強く息が出すぎていますので、不自然です。息を少しずつ弱くするようにしていきます。

　発音の練習には、正しい音を聞いて、まねをすることが必要です。インターネットで利用できるサイトがありますから、それを使うのもいいでしょう。たとえば、RAICHO（p.39）では、**ミニマル・ペア**の練習もできます。ミニマル・ペアというのは、「てんき（天気）」と「でんき（電気）」のように、似ている語で、一部だけが違っているペア（組）のことです。このようなミニマル・ペアは苦手な発音の練習に有効です。この例では「て」と「で」が違っていますので、無声音と有声音の区別が苦手な人に向いています。

　以下にミニマル・ペアのリストを挙げますので、音声を聞いて発音してみてください。

練習しよう！
音声01

アキ(秋)	イキ(息)	イテ(居て)	イッテ(行って)
アキ(秋)	エキ(駅)	ニシ(西)	ニッシ(日誌)
アル(ある)	イル(いる)	マチ(町)	マッチ(燐寸)
エリ(襟)	オリ(檻)	ジケン(事件)	ジッケン(実験)
ウキ(雨期)	オキ(沖)	ネコ(猫)	ネッコ(根っこ)
サキ(先)	タキ(滝)	コイ(恋)	コウイ(行為)
サキ(先)	サケ(酒)	ユキ(雪)	ユウキ(勇気)
サンセイ(賛成)	センセイ(先生)	チズ(地図)	チーズ(cheese)
ネンシュウ(年収)	レンシュウ(練習)	ビル(building)	ビール(beer)
カネ(金)	カレ(彼)	カド(角)	カード(card)
デンキュウ(電球)	レンキュウ(連休)	アト(跡)	アート(art)
キン(金)	ギン(銀)	オバサン(叔母さん)	オバアサン(お婆さん)
ホスト(host)	ポスト(post)	オジサン(叔父さん)	オジイサン(お爺さん)
カタ(肩)	カサ(傘)	キテ(来て)	キイテ(聞いて)
ツキ(月)	スキ(好き)	コト(琴)	コート(coat)
ニュース(news)	ジュース(juice)	スキ(好き)	スキー(skiing)
サメ(鮫)	マメ(豆)	フクロ(袋)	フクロウ(梟)
キミ(君)	キリ(霧)	ニンギョ(人魚)	ニンギョウ(人形)
ハチ(八)	ハシ(橋)	ヤク(役)	リャク(略)
シチ(七)	チチ(父)	ユウショク(夕食)	キュウショク(休職)
ニホン(日本)	ミホン(見本)	ジケン(事件)	ジュケン(受験)
ハナ(花)	アナ(穴)	イシ(石)	イシャ(医者)
カウ(買う)	アウ(会う)	キョウ(今日)	キヨウ(器用)
ムラ(村)	ウラ(裏)	ジュウ(十)	ジユウ(自由)
ガラス(硝子)	カラス(烏)	ビョウイン(病院)	ビヨウイン(美容院)
ダイガク(大学)	タイガク(退学)	キャク(客)	キヤク(規約)
アシ(足)	アジ(味)	リョウ(量)	リヨウ(利用)
アケル(開ける)	アゲル(あげる)	ショウニン(商人)	ショウニン(使用人)
カク(書く)	カグ(家具)	ブカ(部下)	ブンカ(文化)
ジドウ(児童)	シドウ(指導)	キイロ(黄色)	キンイロ(金色)
カシ(菓子)	カジ(火事)	ニュウヨク(入浴)	ニューヨーク(New York)

2.3. 調音点と調音法

　唇や舌や顎などを動かして音を調える（音をつくる）ことを**調音** articulation
と言います。口の中のある部分を狭くして、息を流れにくくしたり、口の中の
ある部分で閉鎖をつくって息の流れを止めたりすることでいろいろな違った音
がつくられます。唇や舌を他の部分に近づけて狭めをつくったり、接触したり
する部分を**調音点**と言います。このように、舌や唇を動かして音をつくる方
法を**調音法**と言います。

破裂音：閉鎖をつくって、一度息の流れを止め、溜めた息を勢いよく吐き出す
　　　　（破裂させて出す）音です。破裂の前に閉鎖がありますから、**閉鎖音**
　　　　とも言います。パ行、バ行、タ行、ダ行、カ行、ガ行の子音です。
摩擦音：狭めをつくって、そこを息が通ることで出る音です。サ行、ハ行と、
　　　　語中、語末にくるザ行の子音です。
破擦音：破裂音のように息を止めて、そのあと、息を出すときに摩擦音のよう
　　　　に摩擦を起こして出す音です。「ち」「つ」「ぢ」「づ」と、語頭（語の
　　　　最初）にくるザ行の子音です。
鼻音：口のどこかで閉鎖をつくり、息を口からではなく鼻から出す音です。
　　　　「ん」、ナ行、マ行の子音です。
弾き音：舌を弾いて出す音です。ラ行の子音です。
半母音：母音に近い音です。「わ」とヤ行の音です。母音の「う」と「あ」を
　　　　続けて速く発音すると、「う」は半母音 [w] になります。母音の「い」
　　　　と「あ」を続けて速く発音すると、「い」は半母音 [j] になります。

3. 日本語の音声

　日本語の発音は世界的に見ると簡単な方です。日本語には**母音**が5、**子音**が
16あります。世界的に見ると、母音の数は平均的で、子音は少ない方です。
英語の母音は20、子音は24です。中国語の母音は36で、子音は21です。日
本語は、音節（p.18）と言われる子音と母音の組み合わせの構造も単純で、「ん」

と「かっ」などの「っ」で終わるものを除けば、すべて母音で終わります。英語には cat, dog, bird など、「子音＋母音＋子音」の音節がたくさんあります。

3.1. 母音

日本語には「あ」「い」「う」「え」「お」[a] [i] [ɯ] [e] [o] の5つの母音があります。[ɯ] は [u] と少し異っていて、日本語の「う」は [u] ではなく、[ɯ] です。「う」は唇を丸めないで、唇を自然に少し開いて発音します。

3.2. 子音

調音法	調音点		両唇	歯茎	歯茎硬口蓋	硬口蓋	軟口蓋	口蓋垂	声門
破裂音	無声音		p	t			k		
	有声音		b	d			g		
破擦音	無声音			ts	tʃ				
	有声音			dz	dʒ				
摩擦音	無声音		ɸ	s	ʃ	ç			h
	有声音			z	ʒ				
鼻音	有声音		m	n		ɲ	ŋ	N	
弾き音	有声音			ɾ					
半母音	有声音		w			j			

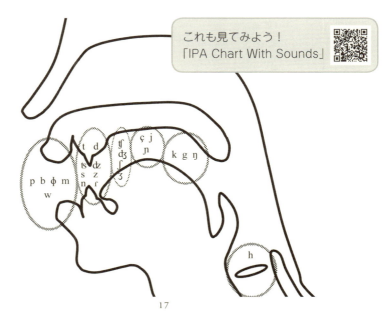

これも見てみよう！
「IPA Chart With Sounds」

3.3. 母音の無声化

「これは酢です。」の「酢」と最後の「す」は同じ音 [sɯ] のはずですが、実際には少し違います。「酢」([sɯ])の [ɯ] は母音ですから、有声音です。しかし、最後の「す」は [s] だけを少し長く発音したようになります。このとき、母音は無声音になっています。これを**無声化**と言います。文の最後の「ます」「です」の「す」は無声化するのが普通なので、母音をはっきり発音しないで、[s] だけを発音するつもりで言った方が自然な日本語に聞こえます。また、[i] と [ɯ] は語の中でも無声化することがあります。「ひとり」「ふたり」の「ひ」と「ふ」の母音も無声化します。

動画をチェック！
「無声化トレーニング」

3.4. 音節

母語話者が普通に発音できる一番短い音声を**音節**と言います。日本語では基本的に1文字が1音節に相当します。拗音では仮名一つと小さい「ゃ」「ゅ」「ょ」で1音節になります。

ア行	a	i	ɯ	e	o	
カ行	ka	ki	kɯ	ke	ko	
サ行	sa	ʃi	sɯ	se	so	
タ行	ta	tʃi	tsɯ	te	to	
ナ行	na	ɲi	nɯ	ne	no	
ハ行	ha	çi	ɸɯ	he	ho	
マ行	ma	mi	mɯ	me	mo	
ヤ行	ja		jɯ		jo	
ラ行	ɾa	ɾi	ɾɯ	ɾe	ɾo	
ワ行	wa				o	
ン行	N					

ガ行	ga	gi	gɯ	ge	go	
	(ŋa	ŋi	ŋɯ	ŋe	ŋo)	語頭以外
ザ行	dza	dʒi	dzɯ	dze	dzo	
	(za	ʒi	zɯ	ze	zo)	母音の間

ダ行	da	dʑi	dzɯ	de	do
バ行	ba	bi	bɯ	be	bo
パ行	pa	pi	pɯ	pe	po

キャ行	kja		kjɯ		kjo	
シャ行	ʃa		ʃɯ		ʃo	
チャ行	tʃa		tʃɯ		tʃo	
ニャ行	ɲa		ɲɯ		ɲo	
ヒャ行	ça		çɯ		ço	
ミャ行	mja		mjɯ		mjo	
リャ行	rja		rjɯ		rjo	
ギャ行	gja		gjɯ		gjo	
ジャ・ヂャ行	dʑa		dʑɯ		dʑo	
	(ʑa		ʑɯ		ʑo)	母音の間
ビャ行	bja		bjɯ		bjo	
ピャ行	pja		pjɯ		pjo	

　ガ行には [ŋ] で表される**鼻濁音**と呼ばれる音があります。これは、息を口からだけでなく、鼻からも出して音を出します。語頭（語の最初）では鼻濁音ではない [g]、語頭以外のときは鼻濁音 [ŋ] が使われるのが原則でしたが、最近は鼻濁音 [ŋ] はあまり使われなくなってきています。

　「じ」と「ぢ」、「ず」と「づ」は同じ音です。ザ行とジャ・ヂャ行の子音は母音の間にあるとき、摩擦音になります。例えば、風 [kaze]、おじさん [oʑisaɴ] の場合、「ぜ」の [z] は [a] と [e] の間、「じ」の [ʑ] は [o] と [i] の間にあります。母音の間にない場合、つまり、語頭や「ん」の後に来る場合は破擦音 [dʑ] になります。例えば、上級 [dʑoːkjɯː] は「じょ」が語頭の場合、漢字 [kandʑi] は「じ」が「ん」の後の場合です。

　長音、**促音**、**撥音**の三つを含む音節は特殊な音節です。これらは前の音と一緒になって2文字で1音節になります。（後で説明しますが、長音、促音、撥音を特殊拍とも言います。）

　長音は母音を伸ばす音です。例えば、「高校（こうこう）」です。「こう」が1音節です。[koːkoː] のように [ː] で表します。数字（すうじ）は [sɯːʑi] です。

　促音は、小さい「っ」の音です。例えば切手「きって」の「っ」です。「きっ

で1音節です。[kitte] のように後ろに続く子音を重ねて書きますが、その音 [t] を2回発音はしません。[t] の口の形をしたまま、少しの間、息を止めます。その間、音は聞こえません。「学校（がっこう）」「トップ」「ちょっと」などの促音も息を止めます。しかし、「雑誌（ざっし）」「欠席（けっせき）」のように後ろにサ行がくるときだけは [dʒaʃ:i] [kes:eki] のように息を止めずに [ʃ] や [s] を長く発音します。

撥音は「ん」の音です。「ん」はそれだけで発音できますが、「ん」は語のはじめにくることはありません。前の音と一緒になって1音節をつくると考え、これも特殊音節とします。例えば「本（ほん）」で1音節です。「ん」にはいろんな音がありますが、基本的に「ん」の直後に来る音の舌の位置、口の形になった鼻音になります。次のように5つの場合があります。

[m] ← [p, b, m] の前　　　　[n] ← [t, d, ts, dz, z, n, ɾ] の前
[ɲ] ← [tʃ, dʒ, ʒ, ɲ] の前　　　[ŋ] ← [k, g, ŋ] の前
[N] ← 文の最後

鼻母音は鼻に少し息を抜きながら発音する母音です。母音 [a, i, ɯ, e, o]、半母音（ヤ行と「わ」）[j, w]、摩擦音（サ行、シャ行、ハ行、ヒャ行）[s, ʃ, ɸ, ç, h] の前に「ん」がくるとき、軽く口を開いて、直後の音に口の形に近づけて、鼻と口の両方から息を出して発音します。舌はどこにもついていません。舌をつけると、[n]、[ɲ]、[ŋ] になってしまいます。

4．日本語のリズム（音声・拍）

音節については p.18 で見た通り、母語話者が普通に発音できる一番短い音声のことです。

「春（はる）」は2音節
「教える（おしえる）」は4音節

です。日本語は音節は基本的に母音で終わります。イタリア語やスペイン語も母音で終わる音節が多い言語です。特殊な音節のうち、長音は母音で終わりますが、「ん」（撥音）、「っ」（促音）を含む音節は母音では終わりません。例えば、「日本語」[nihoŋgo] の音節の数は3つです。[hoŋ] は1音節で「ん」の子音 [ŋ] で終わっています。「切手」[kitte] は2音節です。[kit] は1音節で、「っ」の子音 [t] で終わっています。

日本語を話すとき、**拍**（モーラ）といいう音声の時間的長さの単位が大事になります。原則として1音節は1拍の長さで発音されます。長音、促音、撥音は特殊拍と言います。これらを含む音節が特殊音節です。特殊音節は1音節ですが、発音するときの時間は約2拍分の長さを持っています。特殊拍である長音、撥音、促音もそれぞれ約1拍分の長さがあるからです。たとえば、

　　　長音「高校」は4拍（こ・う・こ・う）、2音節
　　　撥音「日本語」は4拍（に・ほ・ん・ご）、3音節
　　　促音「切手」は3拍（き・っ・て）、2音節

です。学習者は特殊拍を音節単位で考える傾向があり、1拍と数えることが難しいです。「こう・こう」で2拍、「に・ほん・ご」で3拍、「きっ・て」で2拍とまちがえる傾向があります。

また、速く言っても、ゆっくり言っても、相対的な発音の長さ（＝拍）は変わりません。例えば「高校に入る」を、速く言っても [ko:ko:nihairɯ] が、[kokonihairɯ]（ここに入る）に変わってしまうことはありません。

学習者にはこれら特殊拍のリズムの取り方が難しいことがあります。そのため、「ほんを」を「ほの」と言ってしまうことがあります。また、例えば「おじいさん」と「おじさん」、「きて」と「きって」の区別がつかなくなることもあります。このようなペアになる語を使って、発音練習をするといいでしょう。p.15 のリストを活用してください。

動画をチェック！
「つたえるはつおん」

5. アクセント

練習しよう！
音声 02 〜 21

accent ってなまりのことですか？

たしかに、New York accent なんて言うし、「なまり」って訳されるけど、必ずしも悪い意味じゃないよ。これから勉強するのも「なまり」のことじゃないよ。

5.1. アクセントの種類

日本語のアクセントは語の中の音が高いか低いかによる**高低アクセント** pitch accent です。高い拍と低い拍があります。それに対して英語は強いか弱いかによる**強弱アクセント** stress accent です。強く言う音節と弱く言う音節があります。中国語も高低アクセントですが、一つの音節の中で高さが変わるので声調 tone と呼ばれます。

5.2. アクセント核

アクセントの下がり目にある拍を**アクセント核**と言います。「箸」chopsticks のアクセントは1拍目の「は」が高く、2拍目の「し」が低いので「高低」です。「は」がアクセント核です。アクセントの表示の仕方にはいろいろな方法がありますが、この本では「は̄し」と表すことにします。「○̄」となっているところが、アクセントの下がり目になるアクセント核です。「端」edge は「はし̄」です。アクセントの下がり目であるアクセント核がありません。「橋」bridge は「はし̄」です。「し」にアクセント核があります。しかし、「はし」だけを発音するときは「端」と「橋」のアクセントの違いはわかりません。助詞が続くと違いが現れます。「端が」は「はしが」です。「橋が」は「はし̄が」で、「し」のところで下がります。

5.3. アクセントの法則

日本語の語のアクセントには次のような法則があります。

(1) アクセント核は0または一つだけ。
(2) 一度下がったアクセントは上がらない。
(3) 1拍目と2拍目のアクセントの高さは必ず違う。

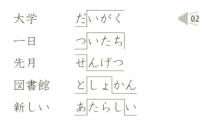

　これらの語に上の三つのアクセントの法則があてはまっていることを確かめてください。「大学」にアクセント核はありません。このようなアクセントの型を**平板型**（へいばんがた）と呼びます。その他の語のアクセント核は一つです。「一日」はアクセント核が最後の拍にありますので、その後に例えば助詞「は」をつけると「は」は低くなります。これを**尾高型**（おだかがた）と言います。平板型と尾高型は後ろに「は」などをつけるとその違いが分かります。平板型は「は」が高く、尾高型は「は」が低く発音されます。これらの例に二つのアクセント核を持つものはありませんので、(1)の規則に合っています。次に、一度下がった語でアクセントがもう一度高くなっているものはありませんから(2)の規則に合っています。「先月」は1拍目が高くて2拍目が低くなっています。これを**頭高型**（あたまだかがた）と呼びます。他の語は1拍目が低くて2拍目が高くなっています。つまり、どの語でも1拍目と2拍目の高さは違いますから(3)の法則に合っています。1拍目が低くて2拍目が高く、そして、語の途中にアクセント核がある「図書館」や「新しい」のような型を**中高型**（なかだかがた）と呼びます。

5.4. 複合名詞のアクセント

　語が二つ以上まとまって一つの語になったものを**複合語**（ふくごうご）と言います。ここでは、複合語の中の複合名詞をとりあげます。複合名詞もアクセントの法則に従

います。

　　　図書館　　　　　　　としょかん　　　　　　　　　　　03
　　　大学図書館　　　　　だいがくとしょかん
　　　国立大学図書館　　　こくりつだいがくとしょかん

　複合名詞も、アクセントの下がり目は一つだけですし、一度下がったアクセントは上がりません。そして、1拍目と2拍目のアクセントの高さが違っています。
　複合語では、前にくる語のアクセント核はなくなります。そして複合名詞全体のアクセントは後ろにくる語によって決まります。例えば、「～人」では、「じん」の前の拍がアクセントの核になります。「～語」では、複合名詞全体でアクセントの核がない、1拍目だけが低い型になります。

　　タイ　　　　　　　タイじん　　　　　　　タイご　　　　　04
　　ドイツ　　　　　　ドイツじん　　　　　　ドイツご
　　フランス　　　　　フランスじん　　　　　フランスご
　　アイルランド　　　アイルランドじん　　　アイルランドご

　特殊拍「ん」、「っ」、長音はアクセント核になれません。これらがある場合、「じ」の前にあるはずのアクセント核が1拍前にずれます。

　　ペルー　　　　　　ペルーじん　　　　　　　　　　　　　05
　　スペイン　　　　　スペインじん
　　にほん　　　　　　にほんじん

　「日本人」は例外で、「じ」の前にあるはずのアクセント核が1拍前ではなく、後ろにずれて「にほんじん」になります。
　複合名詞では、前の語のアクセント核がなくなります。そして、複合名詞全体のアクセントは次のようになります。後ろの語が1拍または2拍のときは、「～人」のように前の語の終わりの拍がアクセント核になるか、「～語」のよう

にアクセント核がなくなります。後ろの語が3拍または4拍のときは、後ろの語の始めの拍がアクセント核になることが多いです。後ろの語のアクセント核がもとのまま残る場合もあります。後ろの語が5拍以上のときは、後ろの語のアクセント核がそのまま残ります。以上を示すと次のようになります。

複合名詞の後ろの語が1拍または2拍の場合：
a）前の語の終わりの拍がアクセント核になる

　　　　例：〜人、〜駅、〜県、〜町、〜市、〜区、〜室、〜機　など
　　　　ドイツ人：ド￣イ￣ツ＋じん→ド￣イ￣ツじ＼ん
　　　　大阪駅：お￣おさか＋え￣き→おおさか＼えき
　　　　東京駅：と￣うきょう＋え￣き→とうきょ＼うえき

複合名詞のはじめの拍は低く、それ以外のアクセント核の前の拍は高くなります。これも先に見たアクセントの規則の（1）〜（3）に合っています。東京駅では、「う」が特殊拍なのでアクセント核は前の語の終わりの拍からもう1拍前に移ります。

b）アクセント核がなくなる

　　　　例：〜語、〜課、〜科、〜化、〜形、〜後、〜式（日本式など）、
　　　　　　〜制、〜的、〜用、〜行き、〜型、〜村、〜色（いろ）　など
　　　　ドイツ語：ド￣イ￣ツ＋ご→ド￣イ￣ツご
　　　　学生課：が￣くせい＋か→が￣くせいか
　　　　辞書形：じ￣しょ＋け￣い→じ￣しょけい

複合名詞の後ろの語が3拍または4拍の場合：
c）後ろの語が中高型なら後ろの語のアクセント核が残ることが多い

　　　　例：図書館、国内、オリンピック　など
　　　　大学図書館：だ￣いがく＋とし＼ょかん→だ￣いがくとしょ＼かん
　　　　日本国内：に￣ほん＋こく＼ない→にほんこ＼くない
　　　　東京オリンピック：と￣うきょう＋オリ＼ンピック
　　　　　　　　　　　　→とうきょうオリ＼ンピック

後ろの語の1拍目がアクセント核になることもあります。例えば、「案内」「制限」「弁当」「まんじゅう」「満点」などは語の始めと終わり以外にアクセント核がある「中高型」ですが、これらが後ろの語になって複合語になると、その1拍目がアクセント核になります。

d) 後ろの語が中高型でないなら、後ろの語の1拍目がアクセント核になる

　　　例：大学、映画、休み　など
　　　短期大学：たんき＋だいがく→たんきだいがく
　　　インド映画：インド＋えいが→インドえいが
　　　夏休み：なつ＋やすみ→なつやすみ

複合名詞の後ろの語が5拍以上の場合：

e) 後ろの語のアクセント核が残る

　　　例：研究所、大使館、プレゼント、コンテスト　など
　　　科学研究所：かがく＋けんきゅうしょ→かがくけんきゅうしょ
　　　イギリス大使館：イギリス＋たいしかん→イギリスたいしかん
　　　誕生日プレゼント：たんじょうび＋プレゼント
　　　　　　　　　　　→たんじょうびプレゼント
　　　スピーチコンテスト：スピーチ＋コンテスト
　　　　　　　　　　　→スピーチコンテスト

5.5. 動詞のアクセント

　動詞のアクセントの型は原則として二つです。アクセント核がない型と、終わりから2番目にアクセント核がある型です。少しだけ例外として終わりから3番目にアクセントがある動詞があります。1拍を○で表すと、アクセントのパターンは次のようになります。

アクセント核がない [0] 型動詞：

　　　○○　　　　　　いる、言う、行く、買う、聞く
　　　○○○　　　　　開ける、遊ぶ、歌う、終わる、変える
　　　○○○○　　　　教える、始まる、働く、生まれる、忘れる

5. アクセント

アクセント核が終わりから2拍目にある [-2] 型動詞：

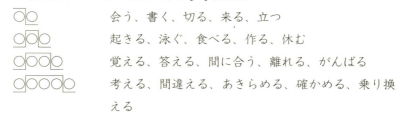

会う、書く、切る、来る、立つ
起きる、泳ぐ、食べる、作る、休む
覚える、答える、間に合う、離れる、がんばる
考える、間違える、あきらめる、確かめる、乗り換える

（例外）アクセント核が終わりから3拍目にある [-3] 型動詞：
〇〇〇　　　入る、返す、帰る、参る、申す

　アクセント核が終わりから3拍目にある動詞は例外です。本来は終わりから2拍目にアクセントがある型ですが、それが長音や母音であるために、終わりから3拍目にアクセント核が移ったと考えられる動詞です。母音のアクセント核は必ず前に移るわけではありません。そのままアクセント核になっている動詞もあります。例えば、おぼえる、こたえる、もちいる、かんがえる、などです。ただし、「答える」「考える」には1拍前に移った こたえる、かんがえる　というアクセントもあります。このように終わりから2拍目の母音のアクセント核が1拍前にずれることもありますが、そのままの場合もあり、前に移るのは数も少ないので例外として覚えた方がいいでしょう。

　動詞の活用形のアクセントは規則的です。アクセント核がない場合を [0] 型、アクセントが後ろから2拍目にある場合を [-2] 型と表すことにします。そして、アクセント核がない動詞を [0] 型動詞、アクセント核が後ろから2拍目にある動詞を [-2] 型動詞、アクセント核が後ろから3拍目にある動詞を [-3] 型動詞と呼ぶことにします。

[0] 型動詞　　　　　　　[-2] 型動詞

○⌐○○¬　（辞書形）　　○⌐○○¬　（辞書形）　　　　　[-3] 型動詞は ○⌐○○¬

○⌐○○¬ます　　　　　○⌐○○¬ます

○⌐○○¬ました　　　　○⌐○○¬ました

○⌐○○¬ません　　　　○⌐○○¬ません

○⌐○○¬ませんでした　○⌐○○¬ませんでした

○⌐○○¬（ら）れる　　○⌐○○¬（ら）れる

○⌐○○¬（さ）せる　　○⌐○○¬（さ）せる

○⌐○○¬ない　　　　　○⌐○○¬ない

○⌐○○¬なかった　　　○⌐○○¬なかった

○⌐○○¬う（意向形）　○⌐○○¬う（意向形）

○⌐○○¬て　　　　　　○⌐○○¬て　2拍の場合 ○⌐¬て　[-3] 型動詞は ○⌐○○¬て

○⌐○○¬た　　　　　　○⌐○○¬た　2拍の場合 ○⌐¬た　[-3] 型動詞は ○⌐○○¬た

○⌐○○¬ば　　　　　　○⌐○○¬ば　　　　　　　　　　[-3] 型動詞は ○⌐○○¬ば

「〜ます」、「〜ました」、「〜ません」、「〜ませんでした」はどの動詞の型でもすべて同じパターンになります。[-2] 型動詞のテ形とタ形は終わりから3拍目にアクセント核が来ますが、テ形、タ形が2拍の場合は、終わりから2拍目にアクセント核が来ます。[-3] 型動詞のテ形とタ形とバ形は、終わりから4拍目にアクセント核が来ます。

5. アクセント

[0] 型動詞

いく	ねる	あける	あそぶ
いきます	ねます	あけます	あそびます
いきました	ねました	あけました	あそびました
いきません	ねません	あけません	あそびません
いきませんでした	ねませんでした	あけませんでした	あそびませんでした
いこう	ねよう	あけよう	あそぼう
いって	ねて	あけて	あそんで
いった	ねた	あけた	あそんだ
いかない	ねない	あけない	あそばない
いかなかった	ねなかった	あけなかった	あそばなかった
いけば	ねれば	あければ	あそべば
いかれる	ねられる	あけられる	あそばれる
いかせる	ねさせる	あけさせる	あそばせる

[-2] 型動詞

かく	くる	およぐ	たべる
かきます	きます	およぎます	たべます
かきました	きました	およぎました	たべました
かきません	きません	およぎません	たべません
かきませんでした	きませんでした	およぎませんでした	たべませんでした
かこう	こよう	およごう	たべよう
かいて	きて	およいで	たべて
かいた	きた	およいだ	たべた
かかない	こない	およがない	たべない
かかなかった	こなかった	およがなかった	たべなかった
かけば	くれば	およげば	たべれば
かかれる	こられる	およがれる	たべられる
かかせる	こさせる	およがせる	たべさせる

[-3] 型動詞

はいる	かえる	とおる
はいって	かえって	とおって
はいった	かえった	とおった
はいれば	かえれば	とおれば

「する」はアクセント核のない型ですが、「〜する」動詞の場合は「する」の前の語にアクセント核がなければアクセント核のない型に、アクセント核があれば、そのアクセント核が残ります。

予約する	よやく+する→よやくする
勉強する	べんきょう+する→べんきょうする
用意する	ようい+する→よういする
びっくりする	びっくり+する→びっくりする

ただし、「愛する」、「対する」など漢字1字の1拍または2拍の語に「する」がついた形の動詞は、後ろから2拍目、つまり「す」にアクセントの核があるものもあります。次のような例があります。

| 愛する | あいする |
| 対する | たいする |

5.6. 複合動詞のアクセント

複合動詞のアクセント型は2種類です。後ろの動詞が [-3] 型の場合は、複合動詞も [-3] 型になります。それ以外、つまり後ろの動詞が [0] 型と [-2] 型の場合の複合動詞は [-2] 型になります。

後ろの動詞が [-3] 型：

聞き返す	きく+かえす→きかえす
透き通る	すく+とおる→すきとおる
持ち帰る	もつ+かえる→もちかえる

後ろの動詞が [0] 型：

思い知る　　お＼もう＋し￣る→お＼もいしる

書き終わる　か＼く＋お￣わる→か＼きおわる

取り忘れる　と＼る＋わすれ￣る→と＼りわすれる

後ろの動詞が [-2] 型

使い切る　　つ＼かう＋き￣る→つかいき￣る

飛び起きる　と＼ぶ＋お￣きる→とびお￣きる

書き間違える　か＼く＋まちが￣える→かきまちが￣える

「持ち帰る」「書き間違える」には他のアクセントもあります。

も￣ちかえる　　か￣きまちがえる　　か￣きまちが￣える

5.7. 形容詞のアクセント

アクセント核がない [0] 型形容詞：

○○　　　　　（この型の形容詞はありません。）

○○○　　　　赤い、厚い、暗い　など

○○○○　　　優しい、危ない　など

アクセント核が終わりから 2 拍目にある [-2] 型形容詞：

○○　　　　　いい、ない、濃い　など

○○○　　　　白い、暑い、寒い　など

○○○○　　　短い、楽しい、かわいい　など

○○○○○　　新しい、美しい　など

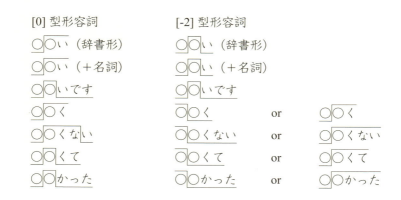

[0] 型形容詞

あかい　あかいです　あかく　あかくて　あかくない
あつい　あついです　あつく　あつくて　あつくない
やさしい　やさしいです　やさしく　やさしくて　やさしくない

厚

[-2] 型形容詞

いい　いいです　よく　よくて　よくない
あつい　あついです　あつく　あつくて　あつくない
みじかい　みじかいです　みじかく　みじかくて　みじかくない

暑

　母音にアクセントの核がある場合は、それが一つ前にずれます。「多い」は [-2] 型ではなく、[-3] 型になります。「多い」は「おおい」ではなく、「おおい」になります。「大きくて」は規則通りだと「おおきくて」または「おおきくて」になるはずです。「おおきくて」はこのままでいいですが、「おおきくて」ではアクセントの核が母音にあるので、それが一つ前に移って「おおきくて」になります。

6. イントネーション

聞いてみよう！
音声 22 〜 27

　1 語内の高低がアクセントでした。それに対し、1 文内の高低を**イントネー**

6. イントネーション

ションと言います。普通の発話ではだんだん下がっていきます。質問文では最後に上がります。

アクセントとイントネーションの関係について OJAD を使って詳しく見ていきましょう。OJAD（p.39）はオンライン日本語アクセント辞典です。その中の「韻律読み上げチュータ　スズキクン」という機能はアクセント、イントネーション、そして**ピッチ**（高さ）のパターンを次のように表します。

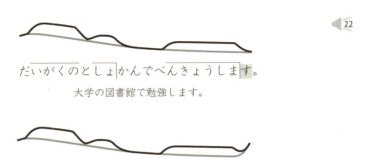

大学の図書館で勉強します。

大学の図書館で勉強します？

ひらがなのすぐ上についている線はアクセントが高くなるところ、¬はアクセント核です。「す」がグレーで「す」のようにグレーになっているのは無声化することを表しています。グレーのなだらかな線はイントネーションを示しています。普通の文では文の始めが高く、少しずつ低くなります。「へ」の字の形をしています。質問文では、文の終わりが高くなります。アクセントの高低とイントネーションの高低が一緒になったものが黒い線で表されるピッチパターンです。これが自然な発話のイメージです。このイメージに合わせて練習すれば、より自然な発話ができます。

スズキクンでは、このパターンで示される通りに発音されている合成音声を聞くことができます。また、設定を変えて、アクセントとピッチパターンの表示を初級用にすると、線が単純になり、わかりやすくなります。下の図のように、アクセントと線が単純になっていますので、初級者には分かりやすいでしょう。（ただし、合成音声は上級用しかありません。）

だいがくのとしょかんでべんきょうします。
大学の図書館で勉強します。

初級用では、文の前の方ではアクセントの高低がありますが、後ろではそれが消えています。文の後ろの方に行くとアクセントの高低の差が小さくなるのは、自然な発話の特徴です。ですから、このようにアクセントの高低を省略してしまっても、それほど不自然にはなりません。また、「大学の図書館」がひとまとまりになって、アクセントがついています。もともと「大学」は「だいがく」、「図書館」は「としょかん」というアクセントを持っていますが、「だいがくのとしょかん」になると、「としょかん」が持っている「と」から「しょ」への上がり目がなくなっています。一方、「しょ」から「か」への下がり目は残っています。このように、語が合わさるとき、アクセントの上がり目がなくなって、下がり目が残るのはよくあることです。語のアクセントで大事なのは下がり目の方で、上がり目はその語が現れる環境によってなくなってしまうこともあるということです。

前に見たように、質問文では文の最後が上がりますが、文の終わりに「か」がついても、文の終わりが上がらないと質問の意味にはなりません。

(1)は文の最後が上がっているので、質問です。(2)は文の最後が下がっていますので、質問ではなく、「わかりました。」という意味になります。
　単語だけでも、最後にイントネーションが上がれば質問になります。

6. イントネーション

「橋」のアクセントは「低高」です。「箸」のアクセントは「高低」です。それに質問の上がるイントネーションが加わっても、アクセントの型は変わりません。「橋？」の「し」はさらに高くなります。それに対して、「箸？」の場合、アクセントに従って「し」で一度下がってから上がります。「し」を少し長めに発音します。

一つの文の中にイントネーションが二つ以上ある場合もあります。(1) は一つですが、(2) と (3) は二つあります。

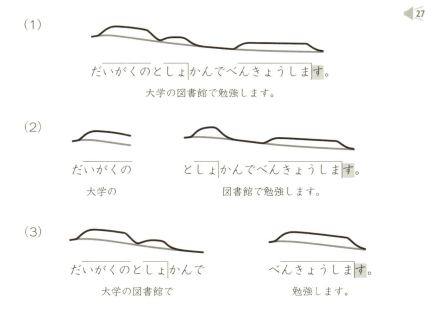

(1) は「どこで勉強しますか。」という質問に対する答えです。(2) は「大学のどこで勉強しますか。」に対する答えです。「図書館で」を強調しています。強調したいところは高くなって山になります。そしてその前に短い**ポーズ** pause が入ることもあります。(3) は「大学の図書館で何をしますか。」という質問への答えです。「勉強します」が強調されています。

確認問題

1. 次の語はそれぞれ、何拍（モーラ）ですか。
   ①新宿　　　②新聞　　　③東京　　　④ストライク

2. 空欄に適当な言葉を入れなさい。
   （　①　）が閉じていて（　②　）が振動することで出る音は（　③　）と呼ばれる。これに対して、（　①　）が開いていて（　②　）が振動しない音は（　④　）と呼ばれる。子音を発声する際に、唇や舌を動かすことによって、狭くなったりや閉じたりする部分を（　⑤　）という。

3. 下線部の子音を表す音声記号はどれですか。a〜dから選んでください。
   ブン①ポウノホン②トドッカイノホン③ヲクダサイ。
   文法の本と読解の本を下さい。
   ソレトタン④ゴチョウモクダサイ。
   それと単語帳も下さい。
   a [ũ]　　b [n]　　c [m]　　d [ŋ]

4. 次のそれぞれの語の発音を音声記号で記すとどうなりますか。正しいものを選びなさい。（ただし、無声化は考えません。）
   ①試験　　a [siken]　　　b [sikeɴ]　　　c [ʃiken]　　　d [ʃikeɴ]
   ②子牛　　a [kouʃi]　　　b [koːʃi]　　　c [koosi]　　　d [kousi]
   ③光る　　a [hikaɯ]　　　b [hikaɾɯ]　　c [çikaɾɯ]　　d [çikaɯ]
   ④心配　　a [ʃinpai]　　　b [ʃimpai]　　c [ʃippai]　　d [ʃiɴpai]
   ⑤進学　　a [ʃingaku]　　b [ʃiɲgakɯ]　　c [ʃiɴgaku]　　d [ʃiggakɯ]
   ⑥福岡　　a [Hɯkuoka]　　b [fɯkɯoka]　　c [ɸɯkɯoka]　　d [çɯkɯoka]
   ⑦切手　　a [kiite]　　　b [kitte]　　　c [ki φ te]　　d [kiːte]

5. 以下の（　）内から正しいものを選びなさい。
   「それ、食べる。」という発音と「それ食べる？」という発音では、①（a.

アクセント　b．イントネーション　c．ストレス）は違いますが、元の②（a．アクセント　b．イントネーション　c．ストレス）が変わることはありません。

6．アクセントが違うと意味が変わることがあります。以下の①〜④をアクセントを変えて発音して、その意味を二つずつ考えてください。
　①あつい　　②にほん　　③くるまでまつ　　④しんだいしゃ

7．①〜⑦から日本語にはない語のアクセントのパターンを三つ選びなさい。
　①￣○○○○　　②○￣○○○　　③○○○
　④￣○○○○　　⑤○￣○○○　　⑥○○○￣
　⑦￣○○○￣

考えよう

1．ひそひそ声で話すとき、声帯はどうなっていますか。女性が男性の声をまねて話すとき、声帯はどうなっていますか。

2．韓国語母語話者が「ありがとうございます。」を「ありがとうごじゃいます。」のように発音しているように聞こえることがあります。それはどうしてですか。調音法、調音点を使って説明してください。また、どのように母語が影響していると考えられますか。

3．母語の影響によって、日本語の発音が特徴的になることがあります。どのような母語の人にどのような特徴が現れますか。どうしてそのような特徴が現れるのか、説明してください。

4．発音するときに、舌の位置と動きを感じることができますか。どんな発音のときに舌の位置と動きを感じやすく、どんな発音のときに感じにくいですか。

5．言語学のトレーニングを受けていない学習者に息の動き、口の形、舌の位置、舌の動き、声帯の震えなどを感じさせ、分からせ、意識化するためにどんな工夫ができますか。

6．回りの人や、テレビ、Youtube などを見て、鼻母音を使っている人を探してみてください。どのような人がどんな場合に鼻母音を使っているか観察してください。観察の観点として、例えば以下のようなことが考えられます。年代や出身地は関係ありますか。非母語話者はどうですか。フォーマルな場面、インフォーマルな場面は関係ありますか。

7．周りの人や、テレビ、Youtube などを見て、話す速さを観察してください。どんな人がどんな場面で、どんな速さで話していますか。

「考えよう」は解答を載せていません。
私にメールをいただければ、コメントを返しますよ！
imai.shingo@gmail.com

参考

もっと詳しく知りたい人は、以下のサイトも見てみましょう。

- OJAD（Online Japanese Accent Dictioary）（東京大学峯松研究室／廣瀬研究室）

    http://www.gavo.t.u-tokyo.ac.jp/ojad/

    語の音声を聞くことができます。動詞、形容詞は活用ごとの音声も聞くことができます。人が録音した音声です。「6. イントネーション」で紹介した、文を入れると自動合成音声で読んでくれる「韻律読み上げチュータ　スズキクン」は自動ですから、少し間違いもありますが、読点「、」を多めに入れた方がより自然になります。例えば、「文の句切れは必ずフレーズの句切れとなります。」とするよりも、「文の句切れは、必ず、フレーズの句切れとなります。」とした方が自然になります。OJADを使ってスピーチやプレゼンテーションの練習もできます。

- 茶豆　（国立国語研究所 2009）

    http://chamame.ninjal.ac.jp/index.html

    形態素分析のツールですが、アクセントも調べられます。

- RAICHO 毎日の発音練習（富山大学留学生センター）

    http://raicho.ier.u-toyama.ac.jp/pronunciation/

    発音の練習ができます。ミニマルペアの練習もあります。

- つたえる はつおん（2015 つたえる はつおん 制作チーム）

    http://www.japanese-pronunciation.com

    動画を見ながら発音の練習ができます。

- ✓ Voice text デモンストレーション（HOYA サービス株式会社）

    http://voicetext.jp/

    合成音声のデモンストレーションですが、遊び感覚で発音の練習ができます。数種類のキャラクターがありますが、HIKARI が比較的正しく発音します。自動合成音声ですから、間違いもあります。その点に注意して使ってください。

- ✓ AI Talk（株式会社ＡＩ）

    http://www.ai-j.jp/demonstration

    合成音声のデモンストレーションですが、遊び感覚で発音の練習ができます。数種類のキャラクターがありますが、「せいじ」が比較的正しく発音します。自動合成音声ですから、間違いもあります。その点に注意して使ってください。

第2章
文字・語彙

1. 文字

　日本語は、ひらがな、カタカナ、漢字の3種類の文字を使います。その他にアルファベットも使います。このように多くの種類の文字を使う言語は他にはないと言われています。世界中の文字には**表音文字**、**表語文字**、**表意文字**などがあります。

　表音文字というのは、一文字が（意味ではなく）音を表すものです。例えば、アルファベットやハングルです。日本語のひらがな、カタカナも表音文字です。表語文字というのは、一文字が意味と音を表すものです。例えば漢字がそうです。「木」という漢字は、tree という意味と /ki/, /moku/, /boku/ などの音を表します。漢字のような文字を以前は表意文字と呼んでいましたが、正しくは表語文字と呼ぶべきです。では、表意文字にはどのようなものがあるかというと、実は、表意文字だけで書き表す言語はありません。表意文字は（音ではなく）意味を表すものです。**ピクトグラム**と呼ばれる絵文字やメールで使う顔文字が表意文字です。非常口のサインやトイレのサインなどがピクトグラムです。ピクトグラムや顔文字は見ればすぐに意味がわかりますが、これらに音はありませんので、声に出して読むことはできません。

日本語の文字は複雑ですが、簡単にしようという意見はないのでしょうか？

漢字をやめてカタカナだけ、またはローマ字だけにしようという提案は明治時代からずっとあるよ。それでもいろいろな理由があって今まで実現していません。漢字は意味を、ひらがなは助詞・動詞語尾などの文法を表すのでわかりやすいというのもその理由の一つだね。

1.1. ひらがな

　ひらがなは46文字あります。そのほかに、次のような文字もあります。

　　濁音（有声音）:「ば」のように点々がつきます。

半濁音（無声音）：「ぱ」のように丸がつきます。
拗音：小さい「ゃ」「ゅ」「ょ」を使った「きゃ、しゅ、ちょ」など。
促音：小さい「っ」で表します。

原則として、それぞれのひらがなは異なる音を表します。ただし、次のような例外があります。

- 「は」と「へ」は助詞のとき [wa][e] と発音します。「わ」、「え」と同じ発音です。
- 「を」は「お」と同じ音です。[o] です。
- 「じ」と「ぢ」は同じ発音です。「ず」と「づ」も同じ発音です。

ただし、「を」を [wo] と発音する人もいます。「を」はもともとは [wo] だったので、昔の発音に戻っていると言えるでしょう。つまり、「を」の音は [wo] → [o] → [wo] のように変化してきています。

「じ」と「ぢ」は、どちらも「ん」の後または語の最初に来たときは [dʒi]、それ以外では [ʒi] と発音されます。「ず」と「づ」は、どちらも「ん」の後または語の最初に来たときは [dzɯ]、それ以外では [zɯ] と発音されます。昔は「じ」と「ぢ」、「ず」と「づ」はそれぞれ違う発音でしたが、今は音が同じになっています。

そのため、書くときの使い分けが問題になります。原則として「じ」と「ず」を使い、「ぢ」と「づ」が使われることは少ないですが、例外的に次のような場合に「ぢ」と「づ」が使われます。

(1) 「ち」「つ」が繰り返されるとき
　　　ちぢむ（縮む）　　　　ちぢめる（縮める）
　　　つづく（続く）　　　　つづける（続ける）
(2) もともと「ち」「つ」だった語が他の語と組み合わさったとき
　　　はな＋ち→はなぢ（鼻血）　　ま＋ちかい→まぢか（間近）
　　　こ＋つつみ→こづつみ（小包）　て＋つくり→てづくり（手作り）
　　　かた＋つける→かたづける（片付ける）

　　　　みっか＋つき→みかづき（三日月）
　　　　はこ＋つめ（る）→はこづめ（箱詰め）
　　　　お＋こ＋つかい→おこづかい（お小遣い）

　ただし、この「ぢ」「づ」を使うという例外的な規則に反して「じ」「ず」を使うべき語（「ぢ」「づ」も可）もあります。「じ」「ず」が原則で、例外規則として、「ぢ」「づ」があり、そのまた例外として、「じ」「ず」に戻るのですから、ややこしいです。文化庁のホームページに「現代仮名遣い」という、表記の説明があります[注)]。その一部を以下に引用します。

　　　次のような語については，現代語の意識では一般に二語に分解しにくいもの等として、それぞれ「じ」「ず」を用いて書くことを本則とし、「せかいぢゅう」「いなづま」のように「ぢ」「づ」を用いて書くこともできるものとする。

　　例　せかいじゅう（世界中）
　　　　いなずま（稲妻）　かたず（固唾）　きずな（絆）　さかずき（杯）
　　　　ときわず　ほおずき　みみずく　うなずく　おとずれる（訪）
　　　　かしずく　つまずく　ぬかずく　ひざまずく　あせみずく
　　　　くんずほぐれつ　さしずめ　でずっぱり　なかんずく　うでずく
　　　　くろずくめ　ひとりずつ　ゆうずう（融通）
[注意]次のような語の中の「じ」「ず」は，漢字の音読みでもともと濁っているものであって、上記(1)、(2)のいずれにもあたらず、「じ」「ず」を用いて書く。
　　例　じめん（地面）　ぬのじ（布地）　ずが（図画）　りゃくず（略図）

　このように、「じ」「ぢ」「ず」「づ」の書き分けの方法は大変複雑になっています。まず、例外規則の例外を覚え、次に例外規則を覚え、他は原則通りに「じ」「ず」と書けばいいのですが、実際に覚えるのは大変です。ですから、わから

注）http://www.bunka.go.jp/kokugo_nihongo/sisaku/joho/joho/kijun/naikaku/gendaikana/index.html

ないときは「じ」と「ず」を使っておけば、正しい確率が高いです。また、「ぢ」「づ」を使う語は、たいてい漢字で書けますので、ひらがなで「ぢ」「づ」と書くことはあまりないでしょう。さらに、Microsoft Word などを使えば、間違った表記を知らせてくれますので、「じ」「ぢ」「ず」「づ」の書き分けにあまり悩む必要はありません。

　長く伸ばす音を長音といいます。長音をカタカナで書く場合は「ー」を使いますが、ひらがなの場合には「あ、い、う、え、お」を使います。とてもゆっくり発音するときは、「あ、い、う、え、お」をそれぞれ発音します。例えば「あ あ」は [aa] です。しかし、普通の速さで発音すると長音になります。例えば「あ あ」は [a:] になります。

　　　　a の長音は ＋あ　　　　「おかあさん」[oka:saN]
　　　　i の長音は ＋い　　　　「おにいさん」[oni:saN]
　　　　u の長音は ＋う　　　　「すうじ」[sɯ:ʒi]
　　　　e の長音は ＋い　　　　「えいが」[e:ga]
　　　　o の長音は ＋う　　　　「とうきょう」[to:kjo:]

　e の長音は「＋い」で表しますが、これには例外が四つあって、「おねえさん」「ええ」「ねえ」「へえ」のときは「＋え」で表します。o の長音は「＋う」で表しますが、これには約 20 の例外があり、「＋お」で表します。以下に代表的な例外を挙げます。

　　おおやけ（公）、ほお（頬）、ほのお（炎）、とお（十）、おおう（覆う）、こおる（凍る）、とおる（通る）、とどこおる（滞る）、もよおす（催す）、おおい（多い）、おおきい（大きい）、とおい（遠い）、おおむね、おおよそ

　「言う」は「いう」と書きますが、普通の速さでは「いう」ではなく、「ゆう」のように [yu:] と発音します。

　ひらがなを教えるときには、形の似ている字の区別に注意します。「き・さ」「は・ほ」「ぬ・め」「ら・る・ろ」「れ・わ・ね」「い・り・こ」などに気をつ

けます。

　教科書で使われる教科書体フォントと新聞や本などで使われるフォントは形が違います。詳しくは、「1.5. フォント」を見てください。

1.2. カタカナ
　「ノート」や「テーブル」のような外来語は基本的にカタカナで書きます。カタカナはひらがなより、表すことができる音の種類が多いです。それは、外来語の発音に合わせて作った表記方法があるからです。いくつか例を挙げます。なお、外来語については、「3.5. 外来語」で詳しく説明します。

　　　　　シェークスピア Shakespeare、ダイジェスト digest、チェス chess、
　　　　　モーツァルト Mozart、パーティー party、ディズニー Disney、
　　　　　ファイル file、カリフォルニア California、プロデューサー producer、
　　　　　ウィスキー whiskey、ヒンドゥー Hindu、ヴァイオリン violin

　長音は「ー」で表すのが原則ですが「ー」を使わない例もあります。

　　　・「バレエ」ballet、「レイアウト」layout などは、「ー」を使いません。
　　　　※ volleyball は「バレーボール」と書いて区別します。

・「コンピューター」computer →「コンピュータ」、「モニター」monitor →「モニタ」など、特に専門用語として使われる場合、「ー」が省略されます。

※しかし、短い語、例えば「コピー」「パワー」を「コピ」「パワ」とすることはありません。

カタカナを教えるときには、似た形、特に「ア・マ」「ク・ワ」「シ・ツ」「ス・ヌ」「セ・ヒ」「ソ・ン」の区別に気をつけます。

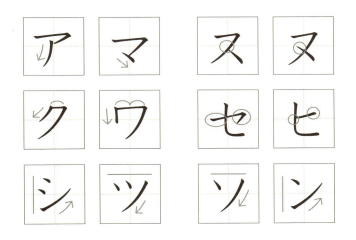

外国語を日本語式に発音して、それをカタカナにするので、もともとの外国語の音から大きく変わっているものがあります。そのため、外国語を聞いてそれをカタカナで書くのは難しいことがあります。外国語からカタカナに変換する規則として教えるよりも、単語として一つ一つ教えていく方がいいでしょう。

擬音語（音を表す言葉）はカタカナで書かれることが多いです。擬態語（様子を表す言葉）はひらがなで書かれる方が多いです。擬音語の例には雨が降る音を表す「ザーザー」や犬の鳴き声を表す「ワンワン」などがあります。擬態語の例には星や宝石などが光ることを表す「きらきら」や動作が遅いことを表す「ゆっくり」などがあります。擬音語と擬態語については、第3章の「2.5.1. オノマトペ」を見てください。

1.3. 漢字

　漢字の数は 10 万字以上とも言われています。『大漢和辞典』(大修館書店) には 5 万字の漢字があります。しかし、この辞典には現代では使われない漢字もたくさん含まれています。日常的に使われる漢字は「**常用漢字**」と呼ばれます。現在は 2,136 字が常用漢字として決まっています。義務教育である小・中学校で習う漢字もこの常用漢字です。新聞も、原則として常用漢字だけを使います。常用漢字以外を使う場合にはふりがなが付きます。小説や漫画などでは常用漢字以外の漢字も使われます。

　漢字には音読みと訓読みがあります。音読みは昔、漢字が中国から日本に伝わってきた時代の中国での読み方で、現代の中国語とは発音が違っているものもたくさんあります。音読みが複数ある場合もあります。例えば、「明」は「明日」では「みょう」(「明日」は「あした」とも読みます)、「明確」では「めい」、「明朝体」では「みん」と読みます。漢字が日本に伝わった時期の違いや、それが中国のどこで話されていたかによって、違う音になったのです。

1.4. 漢字の成り立ち

漢字は、どのように作られたかによって4種類に分けられます。

①象形文字
しょうけい

漢字の元は絵でした。絵がだんだんシンプルになったものが象形文字です。「象」は訓読みで「かたど（る）」と読みます。「形をまねる」という意味です。

②指事文字
しじ

絵にしにくいものを点や線で表した文字です。

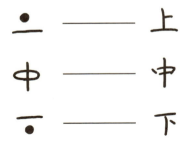

③**会意文字**
　かいい

二つ以上の漢字を組み合せて作った文字です。

　　　　日＋月→明るい
　　　　人＋木→休む
　　　　口＋鳥→鳴く
　　　　木＋木→林
　　　　木＋木＋木→森

④**形声文字**
　けいせい

　これも二つ以上の漢字を組み合せて作った文字です。意味を表す漢字と主に音を表す漢字を組み合せたのが形声文字です。「声」は「音」のことです。これに対して、会意文字は「意味」表す漢字を合わせた文字です。

　　　　日（太陽の意味）＋青（セイの音）→晴（はれる・セイ）
　　　　氵（水の意味）　＋青（セイの音）→清（きよい・セイ）
　　　　言（言うの意味）＋青（セイの音）→請（こう・セイ）

　漢字の90％は形声文字です。意味と音を組み合せることでたくさんの漢字を作ることができました。実は音を表す部分も意味を持つことが多いです。「青」はblueの意味と「澄んでいる」という意味も表します。「晴」は空が青く澄んで太陽が出ていることを表します。「清」は水が青く澄んできれいなことを表します。「請」は澄んだ心でお願いすることを表します。

1.5. フォント

　日本語の代表的な**フォント**には、明朝体、ゴシック体、教科書体があります。
　　　　　　　　　　　　　　　　　みんちょう
一番多く使われるのが明朝体です。本の章や節の見出しなど、強調したいときにはゴシック体が使われることが多いです。教科書体は小学校の教科書や日本語の教科書で使われます。ペンや鉛筆で書くときには教科書体のように書きます。

　フォントによって字の形が変わるものがあります。ひらがなでは以下のよう

1．文字

になります。○で囲んだ部分を見てください。教科書体では離れているところが、明朝体やゴシック体ではつながっている場合があります。書くときには教科書体のように練習しますが、実際に見るフォントは明朝体やゴシック体が多いので、手で書くときにも明朝体やゴシック体のように書く人もいます。

明朝体	さきりらなふむや
ゴシック体	さきりらなふむや
教科書体	さきりらなふむや

漢字の中にも、フォントによって字の形が変わるものがあります。例えば次のような漢字です。教科書体の○で囲んだ部分が明朝体とゴシック体では違っていることを確かめてください。漢字を手で書くときも、普通は教科書体のように書きます。

令週外北子心言入

令週外北子心言入

令週外北子心言入

第2章　文字・語彙

2. 語彙

「彙」は「集める」という意味です。「語」の集まりを「**語彙**」と言います。常に古い語が失われて行き、新しい語が生まれています。どんな辞典を使っても、語彙のすべてを集めることはできません。ある人の語彙数というときも、あくまで推定です。

2.1. 基本語彙

基本語彙とは調査に基づいて、頻度を基準として選んだ語彙のことです。頻度の高い語彙、つまり基本語彙が文章や話の中に出てくる語のどれくらいの割合を占めるかを表したものを**カバー率**と言います。次の表は一般的な文章やテレビ放送に出てくる語を調査したものです。英語では、頻度上位の 1,000 語を知っていれば、文章や話の中に出てくる語のうちの 80％をカバーできるのに対して、日本語では 60％だけです。日本語では、文章や話を理解するためには、英語よりも多くの語を知っていないといけないということになります。

各言語のカバー率

語数(上位) \ 言語	英語	フランス語	スペイン語	中国語	日本語
1〜1,000	80.5	83.5	81.0	73.00	60.5
1〜2,000	86.6	89.4	86.6	82.20	70.0
1〜3,000	90.0	92.8	89.5	86.79	75.3
1〜4,000	92.2	94.7	91.3	89.66	-
1〜5,000	93.5	96.0	92.5	91.64	81.7
計	93.5%	96.0%	92.5%	91.64%	81.7%

『図解日本語』沖森卓也・木村義之・陳力衛・山本真吾著　三省堂 2006 p.82

なお、日本語能力試験の N5 レベルでは約 1,000 語が試験の対象になります。N1 レベルでは約 10,000 語が出題の目安になっています。10,000 語は書き言葉の約 90％をカバーします。18,000 語で、テレビなどの話し言葉のほぼ 100％をカバーします。

2.2. 基礎語彙

基礎語彙は、コミュニケーションなどの目的のために必要とされる語の集まりです。イギリスのオグデン（C.K.Ogden）が1930年に発表したBasic Englishの850語、土居光知（1933,1943）『基礎日本語』の1,100語、国立国語研究所（1987）『日本語教育のための基本語彙調査』の基本2,000語と基本6,000語、砂川有里子（代表）『日本語教育語彙表』の18,000語などがあります。例えば、「痛い」などは、使用頻度からいえばそれほど高くないでしょうが、コミュニケーションの上では大事なので、基礎語彙に入れられます。対象によっても基礎語彙は異なります。例えば、留学生ならば、「パスポート、入国管理局」などが大事になりますし、ビジネス日本語なら「見積り、稟議書」なども大事になるでしょう。災害時に必要になる語彙を集めた弘前大学（2013）『「やさしい日本語」版災害基礎語彙』の100語などもあります。

2.3. 理解語彙と使用語彙

理解語彙は、聞いて理解できるが、自分では使わないという語彙です。**使用語彙**は自分でも使う語彙です。生活語彙とも言います。当然、理解語彙の方が使用語彙よりも多くなります。

平均的な日本人成人の語彙量は約4万語から5万語と言われますが、その場合の語彙とは理解語彙のことです。使用語彙は約1万語と言われています。

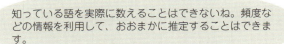

自分がどれくらい語彙を知っているかって、どうやったらわかるんですか？

知っている語を実際に数えることはできないね。頻度などの情報を利用して、おおまかに推定することはできます。

挑戦しよう！
「語彙力診断」

2.4. 延べ語数と異なり語数

あるテキスト（資料）の中にあらわれる語の数すべてを数えたとき、それを**延べ語数**または**トークン** token と言います。また、同じ語を一つと数えたとき、**異なり語数**または**タイプ** type といいます。例えば次の文では、延べ語数と異なり語数はそれぞれ、いくつになるでしょうか。

　　　田中　さん、あなた　は　映画　が　好きです　か。
　　　はい、わたし　は　映画　が　とても　好きです。

延べ語数は 15 語、異なり語数は「田中、さん、あなた、は、映画、が、好きです、か、はい、わたし、とても」の 11 語になります。

3. 語の種類

3.1. 和語

和語とは日本古来のことばを指し、大和言葉とも呼ばれます。訓読みされるものはだいたい和語ですが、例外として非常に古い時代に日本に入ったものが、和語のように扱われて、訓読みされる場合があります。

中国から		朝鮮から		サンスクリットから
マ	→ 馬（うま）	寺（てら）		馬鹿（ばか）
メ	→ 梅（うめ）	虎（とら）		旦那（だんな）
セン	→ 銭（ぜに）	奈良（なら）		（五十音の）あ、ん

3.2. 漢語

漢字でできている語を**漢語**と言います。漢字は中国から日本に入ってきました。漢字は一度に日本に入ってきたのではなく、中国の異なる時期、異なる場所から日本に入ってきました。そのため、一つの漢字に異なる複数の読み方、つまり音読みが生まれました。一番古い時代に日本に入ってきた音は呉音、そ

の次に入ってきた音は漢音、その後に入ってきた音は唐音（または唐宋音）と呼ばれます。

　呉音は中国の長江（揚子江）の南側の呉地方の音です。6世紀ごろまでに日本に伝わりました。712年に完成されたとされる、日本で一番古い歴史書である『古事記』は呉音で書かれています。

　漢音は中国の唐の時代の首都である長安の辺りの音です。日本語の漢語の中で一番多く使われる音です。7～8世紀頃には、日本は中国に留学生を送り、いろいろなことを学びました。留学期間は約20年で、その間にたくさんのことを学び、いろんな書物を日本に持ち帰りました。そのときの漢字で書かれた語と音が今の日本語の漢字の中心になっています。720年に完成したとされる歴史書『日本書紀』は漢音で書かれています。

　唐音は12世紀頃に日本に伝えられた中国の長江（揚子江）の南側の地方の音です。今の日本語にはあまり多くなく、特殊な読み方として使われています。仏教の禅宗の語に多く使われます。

呉音	漢音	唐音
行者（ぎょうしゃ）	銀行（ぎんこう）	行脚（あんぎゃ）
東京（とうきょう）	京阪（けいはん）	南京（なんきん）
明日（みょうにち）	明暗（めいあん）	明（みん）
一生（いっしょう）	生活（せいかつ）	—
—	—	暖簾（のれん）

3.3. 和製漢語

　漢語の中でも、特に日本オリジナルのものを**和製漢語**と言います。明治時代（1868～1912年）には、英語、フランス語、ドイツ語などからたくさんの新しい「情報」が入ってきました。それを翻訳するときに適当な語がない場合が多く、その時には「内容」を考えて新しい語を作りました。「情報」「内容」も明治時代に作られた言葉です。和製漢語には「火事」「返事」「運動」のように日本語では使われますが、中国語では使われないものがある一方、「情報」「時間」「電話」「内容」「歴史」のように、中国語でも使われるようになったものもあります。

3.4. 和製漢字

　和製漢語は、もともとあった漢字を使って新しい語を作ったものでしたが、もともとなかった新しい漢字を日本で作ったものもあります。それらは**和製漢字**または**国字**と呼ばれます。常用漢字になっている和製漢字は次の10個です。このうち、「腺」は中国語でも使われるようになりました。

働く、匂い、塀、峠、込む、枠、栃、畑、搾る、腺
はたら　にお　へい　とうげ　こ　わく　とち　はたけ　しぼ　せん

　寿司屋で、魚を表す漢字を書いた湯呑茶碗を見かけることがあります。魚を表す漢字には、中国語と意味が同じものもありますが、中国語とは意味が違う語や、和製漢字もたくさんあります。日本人でも読めない漢字もたくさんあります。

3.5. 外来語

　主にヨーロッパやアメリカから入ってきた言葉を**外来語**と言います。基本的にはカタカナで書きます。主に16～17世紀にポルトガル人やオランダ人が日本に来ていましたので、ポルトガル語、オランダ語から入ってきた外来語もあります。この時代に入ってきた語は、カタカナではなく、漢字やひらがなで書かれるものもありますので、外来語として意識していない日本人も多いでしょう。

　ポルトガル語から入ってきた外来語には次のようなものがあります。

タバコ、パン、天ぷら、ボタン、コップ、カステラ

　例えば、「カステラ」の語源はポルトガル語の Bolo de Castella だと言われて

います。意味は「カスティーリャの焼き菓子」です。カスティーリャはスペインのことです。このお菓子はスペインからポルトガルに伝わって、それがさらに日本にやってきたのです。

オランダ語から入ってきた外来語には次のようなものがあります。

　　　アルコール、鞄、ガラス、コーヒー、ゴム、ビール

これらよりも前には、中国からたくさんの言葉が日本に入ってきましたが、それらは外来語とは言わず、漢語といいます。そして、カタカナではなく漢字で書きます。

明治時代になると、ドイツ語、フランス語、英語などからたくさんの外来語が入ってきました。

ドイツ語からは医学や化学などに関する語が入ってきました。

　　　アレルギー、エネルギー、ホルモン、カプセル、ゼミ、テーマ

フランス語からは料理などに関係する語が入ってきました。

　　　カフェ、ビュッフェ、メニュー、レストラン、ジャンル、アンケート

元々は同じ語ですが、オランダ語 glas から入ってきた「ガラス」と英語 glass から入ってきた「グラス」や、英語 card から入ってきた「カード」とポルトガル語 carta から入って来た「かるた」（お正月のカードゲーム）、ドイツ語 Karte から入ってきた「カルテ」（医師の記録用カード）のように日本語になるときに発音・意味が区別されるようになったものもあります。

珍しいですが、アラビア語から入ってきた外来語もあります。「台風」は、もともとアラビア語です。それが、英語では typhoon になり、日本語になりました。このように日本語になるときに、他言語を経由していますがもともとは

アラビア語というのは他にもあります。たとえば、アルコール、アルカリ、コーヒー、シロップなどです。

現在、日本語の外来語の約90％は英語から入ってきたものです。今でも英語からたくさんの外来語が入ってきています。

外来語（次に説明する和製英語も含みます）が多すぎてわかりにくいと感じている人もいます。国立国語研究所は外来語を元からある日本語で置き換えることを提案しました。『『外来語』言い換え提案』(2006) によると、例えば「インタラクティブ interactive」は「双方向的」、「グローバル global」は「地球規模」、「プレゼンテーション presentation」は「発表」、「マルチメディア multimedia」は「複合媒体」に言い換えることが提案されています。

確かに、言い換えた方が意味がわかりやすいもの、言い換えても意味がわかるものもありますが、逆に、カタカナの方が意味がわかりやすいという場合もあるようです。すでに多くの人が使っている外来語はなかなか置き換えられないでしょう。

考えよう！
「外来語」言い換え提案

3.6. 和製英語

カタカナで書くので、一見外来語、特に英語のように見えますが、実は英語ではなく、日本で作られたものを**和製英語**と言います。そのまま英語のように発音してみても意味が通じないということがあります。例えば、ボールペン（英語では ball-point pen）、ノートパソコン（英語では laptop computer または notebook computer、パソコンは英語の personal computer を日本語で略したもの）、（ホテルの）フロント（英語では front desk または reception）、ホッチキス（英語では stapler）、マンション（英語では condominium）、電子レンジ（英語では microwave）、マイナンバー（social security and tax number）などがあります。和製英語は今でもどんどん作られています。例えば、「アラフォー」は何のことかわかるでしょうか。このような次から次と作られる語は辞書に載ることもあれば、すぐに使われなくなって、辞書には載らないこともあります。和製英語は英語と似ていますが、英語の意味から日本語の意味が推測できないので、

学習者には理解が難しいことがあります。学習者は新たに覚えなくてはなりません。

3.7. 混種語

　カタカナで書く外来語とひらがなや漢字で書く日本語が混ざったものを**混種語**といいます。上で見た「電子レンジ」も混種語です。「高速バス」「フランス語辞書」なども混種語です。和語と漢語が混ざった語も混種語です。例えば、「駅前」「茶色」「半年」「本屋」は前が音読みの漢語、後ろが訓読みの和語です。「荷物」「値段」「太字」などは前が訓読みの和語、後ろが音読みの漢語です。また、「勉強する」は「勉強」が漢語、「する」が和語です。しかし、このような漢語と和語の混種語は「混ざっている」という感じはしません。外来語と和語または漢語が混ざった語には次のようなものもあります。

＋する：バイトする（ドイツ語の「アルバイト」（Arbeit）＋和語の「する」）
　　　　チンする（オノマトペの「チン」＋和語の「する」）

＋る　：サボる（フランス語の「サボタージュ」（sabotage）＋動詞語尾の「る」）
　　　　事故る（漢語の「事故」＋動詞語尾の「る」）
　　　　メモる（英語の「メモ」memo＋動詞語尾の「る」）
　　　　ミスる（英語の「ミス」miss＋動詞語尾の「る」）
　　　　パニクる（英語の「パニック」panic＋動詞語尾の「る」）
　　　　トラブる（英語の「トラブル」trouble＋動詞語尾の「る」）
　　　　ググる（英語の「グーグル」Google＋動詞語尾の「る」）

＋な　：ハンサムな（英語の「ハンサム」handsome＋ナ形容詞語尾の「な」）
　　　　アバウトな（英語の「アバウト」about＋ナ形容詞語尾の「な」）
　　　　ヘビーな（英語の「ヘビー」heavy＋＋ナ形容詞語尾の「な」）
　　　　ゴージャスな（英語の「ゴージャス」gorgeous＋ナ形容詞語尾の「な」）

＋い　：ナウい（英語の「ナウ」now＋イ形容詞語尾の「い」）
　　　　イ形容詞になる例はほとんどなく、この例も今ではほとんど使われま

せん。

その他：ジャムパン（英語の「ジャム」jam＋ポルトガル語の「パン」pão）
　　　　どたキャン（漢語「土壇」＋和語「場」＋英語の「キャンセル」cancel）

4．語構成

4.1. 複合語

　二つ以上の語からなる語を**複合語**と言います。例えば「山登り」は、「山」と「登り」からなります。「山登り」は名詞ですから、複合名詞と呼ばれます。「読み終わる」「食べ切る」などは二つの語によって作られた動詞なので複合動詞です。「蒸し暑い」「心強い」などは複合形容詞です。

　複合語になると、元の語の発音やアクセントが変わることがあります。

(1) アクセントが変わることについては、第1章の「5. アクセント」も見てください。例えば、「春、風」はﾊﾙとカゼの2語ですが、「春風」はハルカゼとなり、高いところが1つ（「ル」）なので、一つの複合語です。

(2) 無声音が有声音に変わる連濁（れんだく）が起きます。例えば、

　　　歌 [uta]＋声 [koe]　　　→　　　歌声 [utagoe]　　（[k] → [g]）
　　　本 [hoN]＋棚 [tana]　　→　　　本棚 [hondana]　（[t] → [d]）

(3) 母音の音が変わることもあります。例えば、

　　　風 [kaze]＋向き [muki]　→　　　風向き [kazamuki]（[e] → [a]）
　　　木 [ki]＋陰 [kage]　　　 →　　　木陰 [kokage]　　（[i] → [o]）

(4) 音が増えたり、減ったりすることがあります。例えば、

　　　春 [haɯ]＋雨 [ame]　　 →　　　春雨 [haɯsame]　（[s] が入る）

油 [abura] + 揚げ [age]　　→　　油揚げ [aburage]
　　　　　　　　　　　　　　　　　（[a] が一つなくなる）

以上が組み合わさることもあります。

(2) & (3)
　　　雨 [ame] + 雲 [kumo]　　→　　雨雲 [amagumo]
　　　　　　　　　　　　　　　　　（[k] → [g] & [e] → [a]）

(2) & (3) & (4)
　　　上 [ue] + 書き [kaki]　　→　　上書き [uwagaki]
　　　　　　　　　　　　　　　　　（[k] → [g] & [e] → [a] & [w]）

4.1.1. 複合名詞

複合名詞は、名詞、動詞、形容詞などから作られます。

　　　名詞＋名詞：
　　　　　　父＋親　　　　　→父親
　　　　　　日本＋語＋学校　→日本語学校
　　　　　　人＋人　　　　　→人々
　　　　　　　　「々」は同じ字を繰り返すという意味

　　　動詞＋名詞：
　　　　　　消す＋ゴム　　　→消しゴム
　　　　　　忘れる＋もの　　→忘れもの

　　　イ形容詞＋名詞：
　　　　　　細い＋道　　　　→細道
　　　　　　長い＋話　　　　→長話

名詞＋動詞（→名詞）：
    山＋登る　　　→山登り
    家＋出る　　　→家出

動詞＋動詞（→名詞）：
    読む＋書く　　→読み書き
    食べる＋残す　→食べ残し

名詞＋イ形容詞（→名詞）：
    円＋高い　　　→円高
    身＋軽い　　　→身軽

イ形容詞＋イ形容詞（→名詞）：
    高い＋低い　　→高低

　名詞＋動詞、形容詞＋動詞、副詞＋動詞のように動詞の前に名詞、形容詞、副詞が付いてできた複合名詞の構造について見てみましょう。例えば「日暮れ」は「日が暮れる」という構造になっています。このパターンを「ＮガＶスル」と表すことにしましょう。このようなパターンごとに複合名詞の例を挙げると次のようになります。これ以外にもいろいろなパターンがあります。

ＮガＶスル：
    日暮れ、肉離れ、早いもの勝ち、雪どけ
ＮヲＶスル：
    花見、歯磨き、人助け、草取り、嘘つき
ＮヲＶスル（Ｎは移動の場所・出発点）：
    家出、山歩き、川下り、綱渡り、世渡り
ＮデＶスル（Ｎは手段・方法）：
    鉄板焼き、水割り、手書き、カード払い
ＮニＶスル：
    肌ざわり、下着、口当たり、里帰り

4. 語構成

NデVスル（Nは場所）：
　　　田舎育ち、磯釣り、秋田生まれ、アパート暮らし
NカラVスル：
　　　棚下ろし、仲間はずれ、湯あがり
NノタメニVスル：
　　　船酔い、日焼け、雨やどり、夏やせ
イ形容詞＋Vスル：
　　　長生き、早寝、若作り、深入り
ナ形容詞＋Vスル：
　　　急ごしらえ、にわかじこみ、無茶食い
副詞＋Vスル：
　　　ぽっと出、よちよち歩き、ぐるぐる巻き

4.1.2. 複合動詞

名詞＋動詞、形容詞＋動詞、動詞＋動詞のように二つ以上の語が合わさって**複合動詞**が作られます。

名詞＋動詞：
　　　旅＋立つ→旅立つ
　　　名＋付ける→名付ける

形容詞＋動詞：
　　　近い＋寄る→近寄る
　　　若い＋返る→若返る

動詞＋動詞：
　　　思う＋出す→思い出す
　　　折る＋曲げる→折り曲げる

3語からなる複合動詞
　　　追う＋掛ける＋回す→追い掛け回す

使う＋回す＋始める→使い回し始める

歩く＋回る＋始める→歩き回り始める

名詞＋動詞、形容詞＋動詞、動詞＋動詞のパターンのうち、動詞＋動詞のような二つの動詞の意味の関係について見ると次にようになります。

V1 スルコトデ V2 スル／V1 シテ V2 スル　（V1 は手段）：

折って曲げる→折り曲げる

切って倒す→切り倒す

刺して殺す→刺し殺す

V1 タノデ V2 スル／／V1 シテ V2 スル　（V1 は原因）：

歩いたので疲れる→歩き疲れる

溺れて死ぬ→溺れ死ぬ

V1 ナガラ V2 スル：

転げながら落ちる→転げ落ちる

遊びながら暮らす→遊び暮らす

V1 タリ V2 タリスル／V1 スルコトト V2 スルコトヲスル：

泣いたりわめいたりする→泣きわめく

光ったり輝いたりする→光り輝く

待つことと望むことをする→待ち望む

V1 スルコトヲ V2 する：

見ることを逃す→見逃す

聞くことを漏らす→聞き漏らす

書くことを忘れる→書き忘れる

V スルコトヲ始メル／続ケル／終ワル：

食べることを始める→食べ始める

4. 語構成

食べることを続ける→食べ続ける
食べることを終わる→食べ終わる
食べる＋切る→食べ切る

Ｖスルコトガ過ギル／Ｖシ過ギル：
食べることが過ぎる→食べ過ぎる
勉強することが過ぎる→勉強し過ぎる

その他：
落ちる＋かける→落ちかける
降る＋出す→降り出す
食べる＋残す→食べ残す

　これは複合動詞のうち語彙的な複合動詞（Lexical Compound Verbs）のデータベースです。意味や例文などを調べることができます。英訳も付いています。

調べよう！複合動詞レキシコン
「複合動詞レキシコン」

4.1.3. 複合形容詞

複合形容詞には次のような例があります。

名詞＋形容詞：
格好（名詞）＋いい（イ形容詞）→かっこいい
気持ち（名詞）＋悪い（イ形容詞）→気持ち悪い

形容詞＋形容詞：
細い（イ形容詞）＋長い（イ形容詞）→細長い
薄い（イ形容詞）＋暗い（イ形容詞）→薄暗い
重い（イ形容詞）＋重い（イ形容詞）→重々しい
弱い（イ形容詞）＋弱い（イ形容詞）→弱弱しい

動詞+形容詞：

    考える（動詞）+深い（イ形容詞）→考え深い

    見る（動詞）+苦しい（イ形容詞）→見苦しい

4.2. 派生語

派生語は語に**接辞** affix がついたものです。接辞とはそれだけでは語になれないもので、いつも他の語と一緒に使われるものです。例えば「おむすび」の「お」は接辞です。この「お」は、それだけでは語になることができません。語の前に付くので**接頭辞**と呼ばれます。「～さ」のように語の後ろに付く接辞は**接尾辞**と呼ばれます。

接頭辞+名詞：
    お+金→お金　　　　　　お+なか→おなか
    小+腹→小腹　　　　　　ま+赤→真っ赤
    ど+素人（しろうと）→ど素人　　御（お／み）+心→お心／み心

接頭辞+接頭辞+名詞：
    御（お）+御（み）+くじ→おみくじ
    御（お）+御（み）+足→おみ足

接頭辞+動詞：
    ぶん+殴る→ぶん殴る
    ひん+曲がる→ひん曲がる

接頭辞+形容詞：
    か+弱い→か弱い
    ず+太い→図太い
    ほろ+苦い→ほろ苦い
    不+必要な→不必要な

4. 語構成

名詞＋接尾辞：
 神＋様→神様
 おとな＋げ→大人げ
 春＋めく→春めく
 男＋らしい→男らしい

動詞＋接尾辞：
 使う＋方→使い方
 帰る＋がけ→帰りがけ
 眠る＋こける→眠りこける

形容詞＋接尾辞：
 寒い＋け→寒気（さむけ）
 強い＋み→強み
 強い＋さ→強さ
 うれしい＋がる→うれしがる
 安全な＋性→安全性

接頭辞＋名詞＋接尾辞：
 ご＋苦労＋さま→ご苦労さま
 非＋科学＋的→非科学的

4.3. 縮約語

長い複合語は短い**縮約語**（しゅくやくご）にして発音しやすくすることがよくあります。

スマートフォン	→	スマホ
プラットホーム	→	ホーム
携帯電話	→	携帯
テレビジョン	→	テレビ
アニメーション	→	アニメ

第2章　文字・語彙

複合語の場合は、前の語から2拍、後ろの語から2拍を取って4拍にするパターンまたは、前の語から漢字1字、後ろの語から漢字1字を取って漢字2字にする場合が多いです。漢字1字ずつの2字の場合も4拍になっていることが多いです。

　　　学生食堂　　　　　　　　→　　学食
　　　牛肉どんぶり　　　　　　→　　牛どん
　　　国立国語研究所　　　　　→　　国研
　　　入国管理局　　　　　　　→　　入管
　　　早く弁当を食べる　　　　→　　早弁

　次の例では、すべて「コン」がつきますが、元の意味は全部違います。

　　　エアー・コンディショナー　　　　　　→　　エアコン
　　　リモート・コントロール　　　　　　　→　　リモコン
　　　パーソナル・コンピューター　　　　　→　　パソコン
　　　合同コンパ（ドイツ語のKompanie）　　→　　合コン
　　　ツアー・コンダクター tour conductor　→　　ツアコン

　カタカナで書いてあっても元になる英語が存在しない和製英語の場合があります。その複合語を縮約語にしたものがあります。これらの中には次の例のように英語で使われるようになったものもあります。

　　　コスチューム　プレー　costume play（和製英語）
　　　　　　　　　　　　　　　　　　→　　コスプレ（→英語 cosplay）
　　　ポケット　モンスター　pocket monster（和製英語）
　　　　　　　　　　　　　　　　　　→　　ポケモン（→英語 Pokémon）
　　　空オーケストラ orchestra
　　　　　　　　　　　　　　　　　　→　　カラオケ（→英語 karaoke）

　長い形容詞を縮めて言うこともあります。若い人が友達との会話やSNSな

どで使うことが多いです。

　　　　面倒臭い　　　→　　めんどい
　　　　気持ち悪い　　→　　きもい
　　　　うざったい　　→　　うざい
　　　　難しい　　　　→　　むずい
　　　　けばけばしい　→　　けばい

アルファベットだけで表す略語もありますが、若い人以外には理解されないことが多いです。

　　　　空気読めない　→　Kuuki Yomenai　→　KY
　　　　女子高生　　　→　Joshi Kousei　　→　JK

こららは若者が使うKY語と呼ばれることもありますが、実はアルファベットを使った略語は普通の日本語や英語にも多くあります。

　　　　NHK（Nippon Hoso Kyokai）
　　　　JAL（Japan Air Line）
　　　　AC（Air Conditioner）
　　　　PC（Personal Computer）

このような略語は名詞が主です。名詞以外を略語化したところがKY語の特色となっています。ただし、英語にもKY語のような次のような例は少しあります。

　　　　ASAP（As Soon As Possible）

5．類義語

　日本語学習者は似た意味・用法の言葉の違いについてよく質問します。似た意味の言葉は**類義語**と呼ばれます。

同じ意味の言葉があるのはむだじゃないですか？

確かに「同義語」と言われるものがあるね。でも、本当は完全に同じ意味の言葉はないんだよ。同義語と呼ばれていても、よく考えてみるとニュアンスや使われ方がちょっと違うんだ。

　例えば、次のような質問は初級の学習者からもよく聞かれます。

　　「大きな」と「大きい」は何が違いますか。
　　「寒い」と「冷たい」は何が違いますか。
　　「言う」と「話す」は何が違いますか。
　　「香り」と「匂い」は何が違いますか。

　これらに答えるにはどうしたらいいでしょうか。まずは、辞書で調べてみましょう。ここでは、インターネットで使える『大辞林』注）という国語辞典で調べてみましょう。

　　【大きな】大きい、たいへんな。

「大きな」の意味は「大きい」と同じということですね。でも、残念ながら、これでは「大きな」と「大きい」の違いは学習者にはわかりません。では、「寒い」と「冷たい」は、『大辞林』でどう説明されているでしょうか。

注）「三省堂 Web Dictionary」に収録の『スーパー大辞林3.0』より © Sanseido Co., Ltd. 2006-2018

【寒い】　気温が低くて不快な感じがする。
　　　　　体が冷えてあたたまりたい感じがする。さぶい。
【冷たい】　物の温度が低くてひややかである。

　両方の語に、他にも意味が書いてありますが、ここでは最も基本的な意味だけを見ることにしましょう。この説明で「寒い」と「冷たい」の違いがわかりますか。二つの語の意味は正しく説明されています。ただし、「二つの語の違いは〜だ。」とは書かれていませんので、それぞれの説明を読んで、その違いを自分で見つけることが必要です。「寒い」は気温が低いこと、「冷たい」は物の温度が低いことです。

　次に「言う」と「話す」について『大辞林』でどう説明されているかを詳しく見てみましょう。

【言う】
❶声を出して単語や文を発する。
　①何らかの音・単語を発する。「『キャーッ』と−・って倒れた」
　②事実や考えを表出する。告げる。「いくら聞いても名前を−・わない」「行き先も−・わずに出かける」
　③人が、何かの言葉を口から発する。「口の中でぶつぶつ−・っている」「冗談一つ−・わない」「つべこべ−・わずにさっさとしなさい」「口から出まかせを−・う」
　④動物や物が声や音を発する。「犬がキャンキャン−・ってうるさい」「風で雨戸がガタガタ−・う」
❷音声または文字に書いた文章によって考えや事柄を表出する。
　①自分の考え・判断や事実の指摘を述べる。「デカルトは『方法序説』の中で次のように−・っている」「人に−・われてやっと気がついた」
　②命令したり指令したりする。「少しは親の−・うことを聞きなさい」「あいつは人に−・われないと動こうとしない」

③ (「人に…を言う」の形で) ある人に対して…を表明する。「世話になった人に礼を－・う」「審判に文句を－・う」
④ (「…を…と言う」の形で) 人や物を…という名で呼ぶ。「村人はＳ医師のことを『赤ひげ先生』と－・っている」「東京都に属しているのに『伊豆諸島』と－・うのは、もと伊豆の国に属していたからだ」
⑤ (評価を表す形容詞・形容動詞の連用形に付いて) あるものを…であると評価し、それを表明する。「死んだ人のことを悪く－・いたくはないが…」
⑥ (「…を言う」の形で、形容動詞の語幹に付いて) …のようなことを言い表す。「わがままを－・うんじゃない」「お忙しいのに、勝手を－・って申し訳ありません」

(以下、省略)

【話す】
① あるまとまった内容を声に出して言って、相手に伝える。「昨日の事を－・してごらん」「大声で－・す」
② ある言語で会話をする。「フランス語で－・す」
③ 互いに自分の考えを出し合ってじっくりと語り合う。「彼は－・してみるとなかなかしっかりした男だ」「－・せばわかる」

　このようにたくさんの意味が並んでいます。このように意味がたくさんある語を**多義語**(たぎご)と言います。両語の意味が多いので、両語の意味の違いは、それぞれの細かい意味を比較して考えなくてはなりません。なかなか大変なことですので、ここではその作業はやらずに、後でもう一度、両語の違いを考えることにします。次に「香り」と「匂い」について見てみましょう。

【香り】
① におい。特に、よいにおい。「花の－」「よい－がする」「－の高い新茶」
② 品格。品位。「－高い文章」

【匂い】
①物から発散されて、鼻で感じる刺激。かおり・くさみなど。臭気。〔「かおり」が快い刺激についていうのに対し、「におい」は快・不快両方についていう。不快な場合の漢字表記は多くは「臭い」〕「花の－をかぐ」「香水の－」「玉ねぎの腐った－」「変な－がする」「薬品の－をかぐ」
②そのものがもつ雰囲気やおもむき。それらしい感じ。「パリの－のする雑誌」「生活の－の感じられない女優」「不正の－がする」「悪の－」

　ここでは、「香り」と「匂い」の説明があります。つまり、「香り」はそれを「良い」と感じるときだけ使い、「悪い」と感じるときには使わないのに対して、「匂い」は「良い」場合も「悪い」場合も使うと説明されています。『大辞林』には書いてありませんが、「匂い」は実は「良い」とも「悪い」とも思わない場合にも使えます。例えば、「何か匂いがしますね。」と言った場合、それを言った人はその匂いを良いと思っているのか、悪いと思っているのか、あるいはどちらでもないのかはわかりません。

　以上のように、類義語の意味は辞書だけでその違いがわかることも、わからないこともあります。辞書でその違いがわからない場合に、次に考えられるのは語の意味を詳しく説明している参考書を見ることでしょう。お勧めの一冊は『基礎日本語辞典』（森田1989）です。これで調べてみると、「大きな」と「大きい」について次のように書いてあります。なお、以下は一番関係がありそうな部分だけ、抜き書きしたものです。同書にはもっと詳しく、いろいろなことが書いてありますのでぜひ見てみてください。

【大きな】と【大きい】：
名詞に係る場合、抽象名詞には連体詞「大きな」を用いるのがふつうである。これに対して、「大きい」は具体的な事物に使うことが多い。前者は「大きな…事件、恩恵、感銘、成功、失敗、責任」など、後者は「大きい…家、人、町、ほう」などである。（森田1989: 225）

「大きな」は抽象的な語に、「大きい」は具体的な語に使うことが多いと書いてあります。「多い」ということですから、逆の使い方がダメということではなく、そういう使い方の偏りがあるということです。「寒い」と「冷たい」について見てみましょう。

　　【寒い】と【冷たい】
　　「暑い／寒い」は体温や気温などが常温と異なるために生じる生理的不快感なので、どんな場合でもマイナス評価となる。「熱い／冷たい」は外来的条件に由来する皮膚感覚であるから、状況によってマイナス評価にもなれば、プラス評価にもなる。（森田 1989: 60）

説明が少し難しいですが、つまり、こういうことです。「暑い／寒い」は体温や気温など体全体で感じる温度で、「熱い／冷たい」は、手や舌など、体の一部が物に触れたときに皮膚で感じる温度です。そして、「暑い／寒い」はいつも良くない意味で使われます。「言う」と「話す」についても見てみましょう。

　　【言う】と【話す】
　　（「言う」は）表現行為に属する言語行動の一つ。音声を伴う口頭表現の場合が多いが、「新聞でも社説でも言っているように…」と、書き表現にも用いる。発話としては、「話す／語る／しゃべる」に比べて概念が広く、それだけ具体性に欠ける。
　　…
　　「話す」も、あるまとまった内容の事柄を述べる行為である点、「語る」と共通する。"お早ようございます"と話した」とか「語った」とは言えない。「話せば分かる」「今日あったことを正直に話してごらん」と、かなり長い言葉で述べること。「二人で何かひそひそと話している」のように、会話も「話す」である。「話す」は音声による口頭言語に限られる。（森田 1989:105-107）

ここでの説明も、相当難しくなっています。このまま学習者に示してもなかなか理解してもらえないでしょう。『基礎日本語辞典』は、日本人向けに、いろ

いろな点から詳しく説明がありますが、学習者にとっては詳しすぎてかえってわかりづらいかもしれません。学習者には、例えば次のように簡単にして説明した方がわかりやすいでしょう。「話す」は「まとまった内容を相手に伝えてコミュニケーションする」、「言う」は「発音する」「口に出したり、書いたりして（一方的に）伝える」そして、類義語の微妙な違いを示すには、言える文、言えない文をペアにして例文を挙げるのが効果的です。

(1a) ×「にほんご」と話してください。
(1b) ○「にほんご」と言ってください。
(2a) ×「おはよう。」と話した。
(2b) ○「おはよう。」と言った。
(3a) ○英語が話せますか。
(3b) ×英語が言えますか。
(3c) ○これを英語で言えますか。
(4a) ×寝言を話した。
(4b) ○寝言を言った。
(5a) ×この論文で筆者は漢字の意味について話している。
(5b) ○この論文で筆者は漢字の意味について言っている。

（1）と（2）の例文を使えば、「言う」は「発音する」意味で使われますが、「話す」にはそのような意味・用法がないことを示すことができます。(3a)と(3b)からは「言語を使ってコミュニケーションする」という意味では「話す」が使えますが、「言う」は使えないことがわかります。(3c)は単語などを発音できるかどうかを聞いているので、「言う」の方がふさわしいです。寝言でコミュニケーションするわけではないので、(4b)は正しいですが、(4a)は正しくないです。最後に(5b)のように「言う」は口を使って言うときだけではなく、書く場合にも使えることがわかります。このように適切な例文で違いを示すことができればわかりやすいでしょう。

　以上のように、類義語の違いは、辞書や参考書を調べてわかる場合もわからない場合もあります。インターネット上にもたくさんの解説があります。学習者の質問に日本語や他の言語で答えたものもあります。すべてが正しいとは言

えませんが、参考になる情報もたくさん得られます。さらに、類義語の違いを**コロケーション**を調べることで知ることもできます。コロケーションというのは、一緒に使われる語のことです。例えば、「手紙を書く」「メールを書く」「論文を書く」のように「書く」のコロケーションとして「手紙を」「メールを」「論文を」などがあります。類義語を比べるときにもコロケーションが参考になります。「〜の香り」と「〜の匂い」の「〜の」の部分に使われるコロケーションや「形容詞＋香り」と「形容詞＋匂い」の「形容詞」の部分に使われるコロケーションを見ると、「香り」と「匂い」の意味・用法の違いが分かるでしょう。コロケーションを調べるには NINJAL-LWP for BCCWJ（以下 NLB）と NINJAL-LWP for TWC（以下 NLT）が便利です（p.81）。NLB はいろいろな書籍などから集めた1億語のコーパスから、NLT はインターネットから集めた11億語の**コーパス**からコロケーションを調べられます。コーパスというのは、実際に書かれたり、話されたりした文や表現をたくさん集めたものです。試しに、NLB で「香り」と「匂い」のコロケーションを調べてみましょう。以下の表は、NLB を使って、「香り」の前、「匂い」の前に多く現れるイ形容詞を調べてまとめたものです。数字はそれぞれ何回現れたかを示しています。

香り		匂い	
いい	130	いい	170
甘い	123	甘い	53
良い	87	臭い	40
強い	29	香ばしい	34
香ばしい	21	良い	25
優しい	15	生臭い	21

　このように、「香り」の前にはよい意味の形容詞しか現れません。一方、「匂い」の前にはよい意味だけではなく、悪い意味の「臭い」や「生臭い」も現れています。辞書で見た解説と合っていることがわかります。

　類義語には、これまでに見た「大きい」「大きな」のように語の形や音が似ているものと、「匂い」「香り」のように全く別の語があります。語の形や音が似ているものには、他に、次のようなものがあります。

音が同じで漢字が違うもの：
「上る」「登る」「昇る」
「下りる」「降りる」
「越える」「超える」
「修める」「納める」「収める」「治める」

漢字が同じで送り仮名と読み方が違うもの：
「上がる」「上る」
　あ　　　のぼ
「触る」「触れる」
　さわ　　ふ
「訪れる」「訪ねる」
　おとず　　たず
「下りる」「下る」
　お　　　くだ

漢字と送り仮名が同じで読み方が違うもの：
「開く」「開く」
　ひら　　あ
「脅かす」「脅かす」
　おど　　おびや
「怒る」「怒る」
　いか　　おこ

自動詞と他動詞で形や音が似ているものもたくさんあります。
「開ける」「開く／開く」
　あ　　　あ　ひら
「上げる」「上がる」
　あ　　　あ

　初級から中級、上級へと学習が進んでいくと、初級のとき習った語と同じような意味の語に出会うことがよくあります。「勉強する」は初級で勉強しますが「学ぶ」は中級で出てくるでしょう。そういうときには、学習者は必ず、違いを知りたがります。教師は、「だいたい同じです」と説明するかもしれません。初級の学習者に対してはそれでいいでしょう。しかし、ことばは、形が違えば必ず意味や使い方が違います。もし「本当に」同じだったら、二つの形があるのはむだです。もし100％同じだったら、どちらかか一つあればいいはずです。
　似ていることばの意味や使い方の違いを知りたいときにも、例文を見て、それが言えるか言えないかを比べるといいでしょう。例えば、以下のような対比で例文を示すとその違いが明らかになります。

日本語を　　○勉強する／○学ぶ
基礎を　　　○勉強する／○学ぶ

教科書を　　○勉強する／×学ぶ
問題集を　　○勉強する／×学ぶ

日本の知恵を　　　×勉強する／○学ぶ
茶道の精神を　　　×勉強する／○学ぶ
教訓から何かを　　×勉強する／○学ぶ

日米関係を　　　　○勉強する／△学ぶ
人と人の関係を　　△勉強する／○学ぶ

○昨日は、ずっと図書館で勉強していました。
△昨日は、ずっと図書館で学んでいました。

例文を考え、それが言えるか言えないかを確認するには、やはり、NLTがお勧めです。類義語の問題は永遠に尽きないと思われます。そのたびに教師が学習者に違いを説明するよりも、このようなツールを使ってできるだけ学習者自身が学ぶスキルを付けさせて自律学習させる方が望ましいでしょう。

確認問題

1. ひらがなは、漢字を簡単な形にしたものです。例えば「あ」は「安」を簡単にしたものです。次の漢字から作られたひらがなは何か想像してください。
   a. 加　b. 以　c. 末　d. 和　e. 保

2. カタカナは漢字の部分(片方)から作られたものが多いです。例えば、「カ」は「加」の左の部分から作られました。次の漢字から作られたカタカナは何か想像してみてください。
   a. 阿　b. 伊　c. 宇　d. 江　e. 於

3. 空欄に適当な言葉を入れなさい。
   ある基準に沿って集めた語の集合を（　　）と言います。しかし、集合と言っても、その全体を決めることはできません。

4. ①～⑤に適当な言葉を入れなさい。
   語彙の使用頻度を調べて、その使用頻度の高いものから順に、ある一定の語までを集めたものを（　①　）という。しかし、日本語学習者にとって使用頻度の高いものが必ずしも重要であるとは限らない。学習者にとって重要であると思われる語を集めたのが（　②　）である。両者を比べると、その選択は（　③　）の方が主観的になりやすく選ぶ者によって、ばらつきが生じる。また、（　④　）と（　⑤　）の区別があり、前者は聞いてわかるものである。

5. 空欄に適当な言葉を入れなさい。
   語を数える場合、あるテキストに出てくる語をすべて数えると（　①　）語数になり、重複を避けて数えると（　②　）語数になる。

6. 以下の語は、和語、漢語、外来語、混種語のどれにあたりますか。
   a. コーヒー党　b. 番組　c. 夕刊　d. さぼる　e. ジグザグ

7. 以下の語は、複合語、派生語、それ以外の語のどれにあたりますか。
   a. 黄ばむ　　b. 手袋　　c. ジャガイモ　　d. けちくさい
   e. 手渡す　　f. 耳ざわり　　g. まっさお　　h. 極めて

8. 次の複合語は音変化を生じている例です。それぞれ、a.無声音が有声音に変わる　b.音がなくなる　c.母音が変わる　d.音が増える　のどれでしょうか。（複数に分類されるものもあります。）
   ①三位（サンミ）　②手綱（タヅナ）　③こだま　④観音（カンノン）
   ⑤油揚（アブラゲ）　⑥沢庵（タクワン）　⑦酒屋（サカヤ）
   ⑧輪廻（リンネ）　⑨目近（マヂカ）　⑩春雨（ハルサメ）

考えよう

1. 漢字を使わないでひらがなだけで書かれた文章が昔ありましたが、それは何ですか。今、ひらがなだけで書くとどうですか。何か問題になることがありますか。

2. カタカナで外国の地名や人名を表すときに困ることがありますか。

3. 自分でオリジナルの漢字を作ってみてください。例えば、木が二つで林、三つだと森ですね。では四つだと？

4. ドイツ語は語が長くなることで有名です。例えば、Donaudampfschiffahrtselektrizitätenhauptbetriebswerkbauunterbeamtengesellschaft は「ドナウ汽船電気事業本工場工事部門下級官吏組合」という意味だそうです。では、日本語で一番長い語は何だと思いますか。

5. コーパスを使うと、語の頻度を調べることができます。日本語で最も多く使われる語は何でしょうか。

参考

もっと詳しく知りたい人は、以下のサイトも見てみましょう。

✓ 漢字の成り立ち動画（もりの学校）
　　http://morino.sakura.ne.jp/
　　漢字がどのようにして作られたかを、アニメーションで見せてくれます。

✓ 小学校で学習する文字の PowerPoint スライド（Microsoft）
　　https://www.microsoft.com/ja-jp/enable/ppt/moji.aspx
　　小学校で学習するひらがな、カタカナ、数字、漢字の 1,182 字のパワーポイントスライドがダウンロードできます。筆順（書くときの順番）がアニメーションで示されます。

✓ NLB:NINJAL-LWP for BCCWJ（National Institute for Japanese Language and Linguistics, Lago Institute of Language）
　　http://nlb.ninjal.ac.jp/
　　いろいろな書籍などから集めたバランスのとれた 1 億語の書き言葉のコーパス BCCWJ（The Balanced Corpus of Contemporary Written Japanese）を検索するためのツールです。コロケーションや用例などを調べることができます。

✓ NLT:NINJAL-LWP for TWC（University of Tsukuba, National Institute for Japanese Language and Linguistics, and Lago Institute of Language）
　　http://nlt.tsukuba.lagoinst.info/
　　インターネットから集めた 11 億語のコーパス Tsukuba Web Corpus を検索するためのツールです。コロケーションや用例などを調べることができます。基本的な使い方はそれぞれのサイトに説明がありますので、それを参照してください。さらに詳しい使い方は、赤瀬川史朗・プラシャント パルデシ・今井新悟（2016）『日本語コーパス活用入門：NINJAL-LWP 実践

ガイド』(大修館書店)を見てください。この本では、コーパスを使った研究の方法も紹介しています。

第3章
文法

1. 語順

　日本語の**語順**は基本的にSOV型です。Subjcet（主語）、Object（目的語）、Verb（動詞）の順番になります。

　　　私は　　あなたを　　愛しています。
　　　S　　　O　　　　　V

これに対して、例えば中国語や英語はSVO型になります。

　　　我　愛　你．
　　　S　V　O
　　　I　love　you．
　　　S　V　　O

世界的に見ると、日本語のようなSOV型（世界の言語の約40％）と中国語・英語のようなSVO型（世界の言語の約35％）が最も一般的です。
　中国語や英語では語順を変えることはできません。変えると文法的に正しくない非文になってしまうか、あるいは意味が違ってしまいます。

　　　○我愛你．（私はあなたを愛しています。）
　　　×我你愛．
　　　○你愛我．（あなたは私を愛しています。）

　　　○ I love you.
　　　× I you love.
　　　○ You love me.

　一方、日本語では、語順の規則は緩やかで、意味を変えずにある程度語順を変えることができます。ただし、Vが文の最後にくるという規則は守らないと

いけません。

　　　　○私はあなたを愛しています。
　　　　○あなたを私は愛しています。
　　　　×私は愛していますあなたを。

日本語で語順が変わっても意味が通じるのは、助詞があるからです。助詞「は」がついている「私は」が主語で、助詞「を」がついている「あなたを」が目的語だとわかるので、語順を変えても意味がわかるのです。
　日本語では動詞のほかに形容詞や名詞も文の最後に置いて、述語にすることができます。

　　　　日本は美しい。　（形容詞「美しい」が述語）
　　　　私は学生です。　（名詞＋です「学生です」が述語）

　助詞があるから、語順が変わっても意味が通じると書きましたが、話し言葉では助詞が省略されることがよくあります。特に主語を表す「は」「が」や目的語を表す「を」が省略されることが多くあります。助詞が省略された場合には、意味の理解のためには語順が大事になり、基本的な語順である SOV の順番になるのが普通です。

　　　　私、ごはん食べました。
　　　　ぼく、これ、見ました。

　すでにわかっている語は省略することがよくあります。特に主語が自分自身や相手である場合にはよく省略されます。

　　　　「もう、ごはん食べた？」(1)
　　　　「うん、食べた。」(2)

(1)の質問では、「あなたは」という主語が省略されています。それに答える(2)

では、主語「私は」と目的語「ごはんを」が両方とも省略されています。

2．品詞

2.1．名詞

名詞には次のような種類があります。

固有名詞	人や場所などの名前 　田中、東京、富士山
数詞	数を表す名詞 　一、二、三
形式名詞	もとの意味がほとんどなくなった名詞 　こと、もの、ところ
代名詞	他の名詞の代わりに使われる名詞 　私、彼、それ、ここ ※「それ」「ここ」などは指示詞とも呼ばれる
普通名詞	固有名詞、数詞、形式名詞、代名詞以外の名詞 　花、愛、コンピューター

2.2．指示詞

「こ～、そ～、あ～」は**指示詞**です。「これ」「ここ」「こちら」「こっち」「こいつ」は代名詞です。「この」「こんな」は名詞につながるので、連体詞と呼ばれます。「体」は体言のことです。

> 名詞、代名詞、数詞を「体言」、
> 動詞、形容詞を「用言」と呼びます。

「こう」は副詞です。このように、それぞれ品詞は違いますが、まとめて指示詞と呼びます。疑問の形「ど〜」と一緒にして「こそあど」言葉とも呼ばれます。指示詞は次のような体系を持っています。

	こ〜	そ〜	あ〜	ど〜
物	これ	それ	あれ	どれ
物	この	その	あの	どの
例示	こんな	そんな	あんな	どんな
場所	ここ	そこ	あそこ	どこ
方向・選択	こちら	そちら	あちら	どちら
方向・選択	こっち	そっち	あっち	どっち
方法	こう	そう	ああ	どう
人	こいつ	そいつ	あいつ	どいつ

物（代名詞）：物を表す名詞の代わりになります。
　　　これ、ください。
　　　それは、何ですか。

物（連体詞）：名詞の前につきます。間に形容詞などが入ることもあります。
　　　この本、借りてもいいですか。
　　　図書館はあの白い建物です。
　　　図書館はあの右の白い建物です。

例示（連体詞）：名詞の前につきます。何かを指して、例として示します。
　　　あんな人、見たことがない。
　　　どんな人がタイプですか。

場所（代名詞）：
　　　ここで待っていてください。
　　　今、どこにいますか。
　　　ここからあそこまで走っていきましょう。

第3章　文法

2．品詞

方向（代名詞）：方向を表しますが、人を表すていねいな言い方としても使われます。
　　　こちらに来てもらえますか。（方向）
　　　あちらに走って行きました。（方向）
　　　こちらは、荒川さんです。（人）
　　　すみませんが、どちらさまですか。（人）

方向（代名詞）：友達同士などカジュアルな場面で使います。人を指すこともできますが、丁寧ではなく、失礼な感じがします。
　　　ちょっと、こっちに来てくれる？（方向）
　　　どっちに行っても行き止まりだ。（方向）
　　　オレはトシ。で、こっちはダチのマサ。（人）

選択（代名詞）：方向を表す指示詞は、二つの物から一つ選ぶときにも使われます。丁寧な言い方です。「〜の」をつけて名詞を続けることもできます。
　　　どちらがお好きですか。―こちらよりあちらが好きです。
　　　どちらの色がお好きですか。―そちらの色ですね。

選択（代名詞）：カジュアルな言い方にも、一つ選ぶ用法があります。「〜の」をつけて名詞を続けることもできます。
　　　どっちがおいしい？―こっち。
　　　どっちの方がいい？―そっちの方。

選択の用法について、補足しておきます。二つの物から選ぶときは「どちら、どちらの、どっち、どっちの」でたずねますが、三つ以上の物から選ぶときには「どれ、どの」でたずねます。

二つからの選択：
　　　どちらになさいますか。―こちらをください。
　　　どっちが好き？―こっち。

三つ以上からの選択:

  どれがいい？—これ。
  どのケーキにしますか？—このケーキがおいしそう。

方法（副詞）:「こう」、「そう」、「どう」。
  いいですか、こうやってみてください。
  どうしたらいいのか、教えてください。

人（悪口・親しみ）（代名詞）:人を悪く言うときに使います。仲間同士で親し
         さを表すためにわざと使うこともあります。
  あいつのことなんて忘れてしまえよ。
  裏切ったのはどいつだ？
  こいつ、なかなかいいやつじゃないか。（親しみ）

 指示詞には3種類の用法があります。一つ目は、話し手と聞き手のいるところにあって、見えたり聞こえたりする物や人や場所や出来事などを指す「**現場指示**」です。二つ目は、話し手や聞き手が直接的・間接的な経験を通して、知ってはいるけれど、その会話の場にない、物や人や場所や出来事などのイメージ（＝観念）を指す「**経験指示**」です。三つ目は、会話や文章の中に出てきた物や人や場所や出来事などを指す「**文脈指示**」です。

① **現場指示：コ、ソ、ア**

 現場指示のコ（これ、この、ここなど）、ソ（それ、その、そこなど）、ア（あれ、あの、あそこなど）の使い分けは次のようになります。

   コ 話し手に近い
   ソ 聞き手に近い
   ア 話し手にも聞き手にも近くない

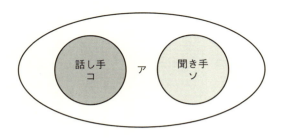

話し手に近いときはコで指します。
　　　これは私の本です。
　　　これは今日買ったばかりのめがねです。

聞き手に近いときはソで表します。
　　　それ、君の？
　　　そのネクタイ、いいですね。

　聞き手がどんなに遠く離れていても、聞き手に近い物や場所はソで表します。たとえば、日本にいて、電話でオーストラリアの知り合いと話をしている時には次のように言います。

　　　　ここはもう春だけど、そっちはこれから冬になるんだね。

　例えば、肩が痛くて病院で診てもらっているとき、医者が患者の左の肩を触っているとしましょう。そして、医者が触ったところが痛いかどうか患者に聞いたら、患者は次のように言うでしょう。

　　　　はい、そこが痛いです。

　話し手である患者は自分の肩でも、医者が触っているときは聞き手である医者の方に近いと感じて「そこ」を使うのです。たとえ自分の体でも、そのときは聞き手がコントロールして、聞き手の領域にあると感じます。そして、右の肩も痛かったら、患者は右の肩を自分で触りながらこう言うでしょう。

先生、ここも痛いです。

このときは話し手である患者が自分で触っているので、話し手の方に近い（＝話し手の領域にある）と感じて「ここ」を使うのです。
　話し手からも聞き手からも遠いときは、アで表します。

　あれは何？

　このほか、話し手にも聞き手にも近くないが、そんなに遠くもないというあいまいな感じを表すときにソが使われることがあります。

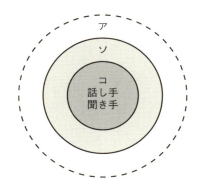

　どこへ行くの？—ちょっとそこまで。
　〈タクシーで〉あ、その辺で止めてください。

「近い」「遠い」というのは主観的な感覚です。例えば、例で示した通り、患者と医者の会話では、患者は自分の体の部分でも、医者が触っていて自分が触っていない場合には、聞き手である医者の領域にあると感じて患者はソを使いました。また、聞き手と電話で話しているとき、その聞き手がどんなに遠くても、例えば、地球の裏側にいても、聞き手のいるところはソで指すということも見ました。このときも、聞き手がどれだけ離れているかという絶対的な距離は関係ありません。たとえそれがどんなに遠くまで続いていても、「この地球」や「この宇宙」とも言えます。話し手のいる場所がその一部になっているなら、どんなに遠くまででも、話し手に近いコを使います。

② 経験指示：ア

　経験指示は過去に体験した物や人や場所や出来事のイメージを指します。話し手も聞き手も物や人や場所や出来事などを知っていて、それをイメージできる場合です。話し手が聞き手も知っていると判断すれば経験指示のアを使うことができます。

　　　　A：先月行った、あのレストラン、名前なんだっけ？
　　　　B：あれは、確か、ルーベリーだったと思うけど。

　話し手が知っている物や人や場所や出来事で、聞き手が知らない（と話し手が思う）場合は、次に見る、文脈指示のソが使われます。

　過去の経験であっても、話しているその場にあるかのように言って、臨場感を出したいときにはコを使います。話し手が物や人や場所や出来事を聞き手の目の前に差し出すような感じです。聞き手も今、それを見ているような感じです。これは基本的には現場指示のコです。それを過去の経験にも拡張したものです。

　　　　昨日行った駅前のレストランで、チアテトというものを食べたんですが、これがすごくおいしいんですよ。今度一緒に食べに行きませんか。

③ 文脈指示：ソ、コ

　文脈指示は話の中の物や人や場所や出来事などを指すときに使います。文脈指示には、すでに話の中に出てきた物や人や場所や出来事などを指す**前方照応** anaphora とこれから話の中に出てくる物や人や場所や出来事などを指す**後方照応** cataphora があります。、前方照応はソ、後方照応はコを使います。

　前方照応のソは、話し手と聞き手のどちらかが知っていて、どちらかが知らない場合に使います。話し手と聞き手の両方が知っている場合には、経験指示のアを使います。

　まず、話し手Aが知っていて、聞き手が知らない場合の例です。

>A：昨日行った駅前のレストランで、チアテトというものを食べたんです。南米のどこかの国の食べ物らしいんですけど、それ、すごく、おいしかったんです。

次に聞き手が知っていて、話し手が知らない場合です。次の例で、Bが話しているときは、Bが話し手、Aが聞き手になります。話し手Bは「チアテト」というものを知りませんが、聞き手Aは知っています。

>A：昨日行った駅前のレストランで、チアテトというものを食べたんです。
>B：チアテト・・・聞いたことありませんけど、それは、おいしいんですか。

次の例も見てみましょう。

>A1：ねえ、今度来る、田中さんって知ってる？
>B1：知らない。だれ、その人？
>A2：あ、知らないの。その人、転校生なんだって。

Bが話しているとき、話し手Bは田中さんを知りませんが、聞き手Aは知っています。聞き手が知っていて、話し手が知らない場合なので、ソを使います。Aの二回目の発話A2では、Aが話し手、Bが聞き手になります。そして話し手Aは田中さんを知っていますが、聞き手Bは田中さんを知りません。話し手（A）が知っていて、聞き手（B）が知らない場合ですので、ここでもソを使います。

次の例のB1では、話し手Bは「もろこし」を知りません。聞き手Aだけが「もろこし」を知っているので、Bはソを使います。しかし、Bが思い出して、話し手と聞き手が両方とも知っていることになると、B2のように経験指示のアに変わります。

>A1：昨日はもろこしを久しぶりに食べたんだ。

B1：もろこし？なにそれ？
A2：秋田に昔からあるお菓子、小豆の粉で作った。
B2：ああ、去年もらった、あれね。

　次に、会話ではなく、聞き手がいない文章の場合について見てみましょう。文章の場合は、聞き手がいないので、話し手と聞き手が知っているという経験指示のアは原則として使われません。基本的には文脈指示が使われます。

　　　昨日はレストランで昼食を食べた。そのレストランは、本当においしかった。

　前に見たように、コは後方照応に、ソは前方照応に使われるのが原則ですが、コが前方照応に使われることがあります。ただし、これは、文脈指示の前方照応の用法ではなく、経験指示の用法が拡張したものと考えた方がわかりやすいでしょう。物や人や場所や出来事を読者も想像して、イメージ化することができるように描写して、臨場感を持たせます。次の文では、「コ」も「ソ」も使えますが、「コ」を使うと、その場の雰囲気が伝わって、生き生きとした感じが強くなります。

　　　昨日はレストランで昼食を食べた。このレストランは、本当においしい。

　文章中に示した表や図、あるいは書いている文そのものを指すときはコを使います。これは、現場指示の用法です。現場指示は話し手（および聞き手）の周りに存在する物や人や場所や出来事を指すのですが、この場合は、文章の中の表や図や文字や文そのものを指します。次の例では、「この表」は文章の中に出てきた表を、「ここでの分析」の「ここ」は文章そのものを指します。

　　　表3に数字をまとめて記載した。この表では・・・
　　　以上、日本の過去10年間の経済について分析した。ここでの分析を踏まえて、次に、今後の経済の予測について論じる。

ここまで後に出てくる物や人や場所や出来事などを指す後方照応 cataphora にはコを使うと説明してきましたが、後方照応のコも基本的には状況指示のコだと考えた方がわかりやすいでしょう。状況指示は、物や人や場所や出来事を指しますが、それを話し手がこれから言う（書き手がこれから書く）コトにも拡張したものです。

　　　ねえ、こんな食べ物、聞いたことありますか。チアテトという名前で、南米原産。おいしくて、健康にもいいらしいんです。

ところで、過去の出来事にはアまたはソを使うことを先に見ました。話し手も聞き手も知っている場合には、経験指示のア、話し手と聞き手のどちらかしか知らない場合は文脈指示のソです。では、未来の出来事はどうでしょうか。未来の出来事は話し手も聞き手も経験していませんから、経験指示のアを使うことはできません。文脈指示のソを使います。このように、文脈指示のソは話し手も聞き手もまた知らない未来のことも指すことができます。

　　　今から50年後には、人工知能がものすごく発展しているだろう。{その／×あの} とき、私たちの暮らしはどうなっているだろうか。

文脈指示や前方照応…たくさんあって複雑ですが、全部教えるべきですか？

指示詞は初級で基本的な使い方を勉強するけど、いろいろな使い方があって、上級でもよくまちがってしまいますね。少しずつでも丁寧に教えた方がいいと思うよ。

第3章　文法

2.3. 形容詞
2.3.1. イ形容詞とナ形容詞

　形容詞にはイ形容詞とナ形容詞があります。イ形容詞は、名詞の前で「〜い」という形になります。ナ形容詞は、名詞の前で「〜な」という形になります。ナ形容詞は学校文法で言うところの「形容動詞」で、文末（普通体）では「〜だ」になります。

　　　　イ形容詞：暖かい、寒い、大きい、美しい、楽しい、汚い、少ない
　　　　ナ形容詞：静かな、変な、ハンサムな、きれいな、有名な、嫌いな

「きたない」「少ない」には、「な」が含まれますが、「い」で終わっているのでイ形容詞です。「きれいな」「嫌いな」には、「い」が含まれますが、「な」で終わっているのでナ形容詞です。間違いやすいので、気を付けましょう。ほかにも、「〜い」で終わる語には「がくせい」「せんせい」などがありますが、もちろん、これらは形容詞ではありません。なお、名詞、動詞、形容詞に続く「ない」もイ形容詞です。

　　　　本でない。暑くない。静かじゃない。

しかし、動詞に続く「ない」は日本の学校文法では、助動詞と言われます。

　　　　食べない。来ない。

この違いは、「は」を入れてみると、違いがはっきりします。

　　　　本ではない。暑くはない。静かではない。
　　　　×食べはない。×来はない。

ただし、日本語教育では、助動詞という品詞を教えることはありません。動詞の否定の形として「食べない」「来ない」を教えます。

2. 品詞

イ形容詞（寒い）とナ形容詞（静かな）の活用は次のようになります。

	+Noun	て形	非過去	非過去・否定	過去	過去・否定
普通体	寒-い	-くて	-い	-くない	-かった	-くなかった
丁寧体			-いです	-くないです -くありません	-かったです	-くなかったです -くありませんでした
普通体	静か-な	-で	-だ	-で（は）ない -じゃない	-だった	-で（は）なかった -じゃなかった
丁寧体			-です	-で（は）ないです -ではありません -じゃないです -じゃありません	-でした	-で（は）なかったです -で（は）ありませんでした -じゃなかったです -じゃありませんでした

ナ形容詞の否定形の（は）はあってもなくてもいいですが、ある方が自然です。

形容詞には名詞の前に来て名詞を修飾する用法と、文の最後に来る用法があります。

　　　寒い朝。　　　　朝は寒いです。
　　　静かな朝。　　　その朝は静かです。

文の最後にくる用法では、非過去 non-past の場合、イ形容詞は文末で「-い」（普通体 plain form）や「-いです」（丁寧体 polite form）になります。ナ形容詞は文末では「-だ」（普通体 plain form）や「-です」（丁寧体 polite form）にな

ります。

　非過去の場合、イ形容詞の否定 negative の形は普通体では「- くない」一つですが、丁寧体では、「- くないです」「- くありません」の二つの形があります。話し言葉では「- くないです」、書き言葉では「- くない」「- くありません」が多く使われます。ナ形容詞の否定の形は普通体では「- で（は）ない」、「- じゃない」の二つがあります。「じゃ」は「では」が短くなった形で、「では」よりもカジュアルな話し言葉で使われます。丁寧体には「- で（は）ないです」「- で（は）ありません」「- じゃないです」「- じゃありません」の四つの形があります。書き言葉では「- で（は）ない」「- で（は）ありません」が、話し言葉では他の形が多く使われます。

　名詞の前にくるときの形は普通体の文の終わりに来る形と同じです。丁寧体は使えません。ただし、ナ形容詞の「非過去」の場合普通体で、「静かだ朝」とは言えないので「静かな朝」と言います。

　　　　寒い朝　　　　　×寒いです朝
　　　　寒くない朝　　　×寒くないです朝
　　　　寒かった朝　　　×寒いでした朝
　　　　寒くなかった朝　×寒くなかったです朝

　　　　静かな朝　　　　　　　×静かだ朝　　×静かです朝
　　　　静かで（は）ない朝　　×静かでないです朝
　　　　静かじゃない朝　　　　×静かじゃないです朝
　　　　静かだった朝　　　　　×静かでした朝
　　　　静かで（は）なかった朝　×静かでありませんでした朝
　　　　静かじゃなかった朝　　×静かじゃありませんでした朝

形容詞では、次のような語や使い方に気を付けてください。
まず、イ形容詞とナ形容詞の両方になる、次のような語があります。

  温かい・暖かい／温かな・暖かな
  柔らかい／柔らかな
  細かい／細やかな

それぞれ、次のように使うことができます。

  温かい手／温かな手
  手が温かい。／△手が温かだ。

これらは、イ形容詞、ナ形容詞のどちらの形も使うことができますが、ナ形容詞の文末の用法はやや不自然です。
「いい」と同じ意味の語に「よい（良い）」があります。「良い」の方がフォーマルな感じがします。書き言葉で多く使われます。

  星がきれいだ。明日はいい天気になるなあ。
  ＜天気予報＞明日は良い天気になるでしょう。

ただし、「いい」には過去形の「×いかった」のような形がありません。この場合はカジュアルな話し言葉でも「よかった」と言います。「いい」と「よい」の活用をまとめると次のようになります。

	+Noun	て形	非過去	非過去・否定	過去	過去・否定
普通体	いい よい	よくて	いい よい	よくない	よかった	よくなかった
丁寧体			いいです よいです	よくないです よくありません	よかったです	よくなかったです よくありませんでした

第3章 文法

形容詞文をつなぐときは、イ形容詞には「くて」をナ形容詞には「で」を使います。

　　　　このスーツケースは軽いです。このスーツケースは丈夫です。
　　　　このスーツケースは<u>軽くて</u>丈夫です。

　　　　このスーツケースは丈夫です。このスーツケースは軽いです。
　　　　このスーツケースは<u>丈夫で</u>軽いです。

上のような文では一番めの形容詞文と二番めの形容詞文の順序を変えることができます。しかし、形容詞の順序を変えると不自然になる場合もあります。それは理由や原因を表す場合で英語の as や since に当たる場合です。

　　　　○あの店は近くて便利です。　　△あの店は便利で近いです。
　　　　○日本の車は丈夫で安全です。　△日本の車は安全で丈夫です。

形容詞には対になる語（対義語）がある場合が多いです。

　　　　近い　　　　⇔　　　　遠い
　　　　重い　　　　　　　　　軽い
　　　　長い　　　　　　　　　短い
　　　　大きい　　　　　　　　小さい
　　　　大きな　　　　　　　　小さな

1対1の対応ではなく、1対2や2対2になる場合もあります。

  高い   低い／安い
  良い／いい   悪い
  易しい／簡単な ⇔ 難しい／困難な
  おもしろい／楽しい つまらない

対応する形容詞がないため、他の品詞を使う場合や「〜ない」を付ける場合もあります。

  若い   年上の／年取った／年配の
  眠い   ⇔ 眠くない
  おいしい   まずい／おいしくない

「おいしい」の反対の形容詞は「まずい」ですが、これは男性的な表現で、とてもカジュアルな言い方です。普通は「おいしくない」を使います。
 4語が対応する場合もあります。

  暑い 暖かい 涼しい 寒い
  熱い 温かい ぬるい 冷たい

「近い」の反対の「遠い」は「遠い駅」と「遠くの駅」の両方の形があります。「近い」は「近くの駅」と言えますが、「近い駅」とは言えません。このように形容詞には、例外として「〜くの」になるものがあります。「〜く」は名詞です。それに「の」が付いた形です。「近くの」「遠くの」「多くの」です。

  「近い」と「近くの」
  {×近い／○近くの} コンビニに行って来た。
  駅の {×近い／○近くの} コンビニに行って来た。
  駅に {○近い／×近くの} コンビニに行って来た。
  駅から {○近い／×近くの} コンビニに行って来た。

cf. 駅の近くにあるコンビニ

「遠い」と「遠くの」
{×遠い／○遠くの} コンビニに行って来た。
駅の {×遠い／×遠くの} コンビニ行って来た。
駅に {△遠い／×遠くの} コンビニに行って来た。
駅から {○遠い／×遠くの} コンビニに行って来た。
cf. △駅の遠くにあるコンビニ
　　○駅から遠くにあるコンビニ

「多い」と「多くの」と「おおぜいの」と「たくさんの」
×多い人　○多くの人　○おおぜいの人　△たくさんの人
×多い本　○多くの本　×おおぜいの本　○たくさんの本

「おおぜいの」は人に「たくさんの」は物に使うのが基本です。「たくさんの」は人にも使えますが、人の集団を表す名詞に使うと不自然になります。

　　○おおぜいの群衆／聴衆／観衆が集まった。
　　△たくさんの群衆／聴衆／観衆が集まった。

「おおぜい」には「人」という意味が含まれることもあります。「たくさん」はそのような使い方ができません。

　　○おおぜいの人の前で話した。　　○おおぜいの前で話した。
　　○たくさんの人の前で話した。　　×たくさんの前で話した。

「おおぜい」「たくさん」は副詞としても使われます。

　　人がおおぜいやって来た。
　　お金がたくさんある。

「〜い」(イ形容詞)と「〜な」(ナ形容詞)の両方の形を持つものがあります。「大きい／大きな」、「小さい／小さな」、「おかしい／おかしな」「あたたかい／あたたかな」「柔らかい／柔らかな」「細かい」「細かな」などです。

「大きい」「小さい」と「大きな」「小さな」の違いは次の通りです。まず、文法的な違いです。イ形容詞は文の述語として使えますが、ナ形容詞は文の述語として使うことができません。「〜のだ」や「〜から」「〜ので」「〜が」「けれど」などが続いたときも同じです。

　　　　○このテーブルは大きい／小さい。
　　　　×このテーブルは大きだ／小さだ。
　　　　○このテーブルは大きい／小さいけれど、いい。
　　　　×このテーブルは大きだ／小さだけれど、いい。

「ため」「はず」「よう」「の」などにはイ形容詞を使った方が自然です。

　　　○小さいため／×小さなため
　　　○小さいはず／×小さなはず
　　　○小さいようだ／×小さなようだ
　　　○小さいのだ／×小さなのだ

　次に、意味的な違いです。抽象的・主観的・比喩的な場合はナ形容詞を使った方が自然です。具体的・客観的な場合はイ形容詞もナ形容詞も使えます。

　　抽象的・主観的
　　△大きい／○大きな {間違い／違い／差／変化／影響／被害／特徴／役割／不安／自信／感動／喜び／疑問／目的／目標／期待／課題／発見／きっかけ}

　　比喩的
　　○歴史の {△大きい／○大きな} 流れを感じる
　　若い人たちがこれからの社会の {△大きい／○大きな} 柱になってい

く。
従業員が 10,000 人以上もいる {△大きい／○大きな} 会社で働いています。

具体的（比喩的でない）
川が合流して {○大きい／○大きな} 流れになっている。
{○大きな／○大きい} 柱がたくさん立っている。
30 階建ての {○大きい／○大きな} 会社が建っている。

2.3.2. 属性形容詞と感情・感覚形容詞

形容詞の多くは、物事の様子を表す属性形容詞です。

赤い、高い、詳しい、早い、若い、短い

人の感情や感覚を表す形容詞を感情・感覚形容詞と言います。普通は話し手の感情・感覚を表します。相手の感情・感覚をたずねるときにも使うことができます。話し手や聞き手の感情・感覚について言う場合には、「私」や「あなた」のような主語は省略するのが普通です。人の気持ちや感情は確実にはわからないものです。他の人の感情・感覚について言うときには、「～がる」、「～ようだ」、「～そうだ」「～のだ」などを使って様子を表したり、推測を表したりします。

痛い、羨ましい、うれしい、悲しい、かゆい、欲しい、
懐かしい、恥ずかしい、ほしい、嫌な、残念な

「ああ、うれしい。」
（あなたは）「うれしい？」
「あの人、うれしそうでしたね。」

A「ジョンさん、合格したのに、ぜんぜんうれしそうじゃないね。
  むしろ、残念がっているみたい。」

B「いや、残念がってなんかいませんよ。ちょっと、恥ずかしいんでしょう。N1じゃなくて、N3を受けたから。」

　以下の感情・感覚形容詞には「〜そうです」の形はありますが、「〜がっています」とは言えません。

　　　熱い、冷たい、暖かい／温かい、涼しい、楽しい、眠い

　例えば「眠い」を使って「眠そうです」とは言えますが、「眠がっています」とは言えません。なお、「眠い」とほぼ同じ意味の「眠たい」には「眠たそうです」と「眠たがっています」の両方の形があります。
　ところで、英語は日本語とは違って、感情・感覚を表す形容詞でも次のように何も付けずに直接表現できますが、日本語では言えません。

　　　He is happy.　　　×彼はうれしい。
　　　She is sad.　　　×彼女は悲しい。

　属性形容詞と感情・感覚形容詞のどちらにもなることができる次のような形容詞もあります。

　　　暑い、暖かい、忙しい、おいしい、おかしい、面白い、こわい、
　　　寂しい、難しい、やかましい、退屈な

　　　日本の夏は暑い。(属性形容詞として)
　　　ああ、きょうは暑いなぁ。(感情・感覚形容詞として)

　「好きだ、嫌いだ」も感情を表しますが、これは感情・感覚の形容詞とは違って、話し手以外についても言うことができます。

　　　妹は甘いものが好きだ。
　　　虫はこの葉の匂いが嫌いです。

2.3.3. 形容詞の文型

以下に、形容詞の文型をまとめます。Adj は形容詞のことです。

(1)「N が／は Adj です」

空が青いです。
夏は暑いです。
教室は静かです。

(2)「Place には／では N が／は Adj です」

「Place の N が／は Adj です」に言い換えることもできます。

この町にはゴミが多いです。　　　≒この町のゴミは多いです。
うちの会社では残業が少ないです。≒うちの会社の残業は少ないです。
日本は夏が暑いです。　　　　　　≒日本の夏は暑いです。

(3)「N1 は N2 に／と／から Adj です」

うちは駅に近いです。
うちは駅から遠いです。
私は彼と親しいです。

(4)「N1 は N2 が Adj です」

N1 と N2 の二重主語構文とも言われます。日本語の特徴の一つと言われることもあります。

(4a)「に」「で」の省略

「Place には／では N が／は Adj です」の「に」または「で」を省略したものです。「N1（Place）の N2 が Adj です」に言い換えることができます。N2 を言わないで「N1 が Adj です。」とすると、変な文になります。

この町（に）はゴミが多いです。
≒この町のゴミは多いです。
×この町は多いです。

うちの会社（で）は残業が少ないです。
≒うちの会社の残業は少ないです。
×うちの会社は少ないです。

僕には時間がないんだ。
≒僕の時間がないんだ。
×僕はないんだ

ただし、N2が省略されていることが分かる場合は、適切な文になります。
　　A「俺の会社、残業、超多いんだけど。お前んとこ、どう？」
　　B「うちの会社は少ないです。」
　　A「あ、そうなんだ。いいなぁ。」

(4b) 全体と部分
N1が全体、N2がその部分を表します。「N1のN2がAdjです」に言い換えることができます。N2を言わないで「N1がAdjです。」とすると、変な文になるか、意味が違ってしまいます。

あの人は目が青いです。
≒あの人の目は青いです。
×あの人は青いです。（「顔色が悪い」という意味になる）

この国は人口が少ないです。
≒この国の人口が少ないです。
×この国は少ないです。

ただし、「部分」にあたる語が省略されていることが分かる場合は、文の意味が通じます。
　　A「他の国と比べて、この国の人口はどうですか。」
　　B「この国は少ないです。」

(4c) 特徴

「N2 が Adj です」が N1 の特徴を表します。「N1 の N2 が Adj です」に言い換えることができます。また、N2 を言わないで「N1 が Adj です。」としても、意味が分かります。

　　この町は面積が広いです。
　　≒この町の面積が広いです。
　　≒この町は広いです。

　　そこは入口が狭いです。
　　≒そこの入口が狭いです。
　　≒そこは狭いです。

(4d) 時

「N1 は」が時を表します。「N1 の N2 が Adj です」に言い換えられる場合と言い換えられない場合があります。また、N2 を言わないで「N1 が Adj です。」とすると、変な文になります。

　　梅雨は雨が多い。
　　×梅雨の雨が多い。
　　×梅雨は多い。

　　春は花がきれいです。
　　≠春の花がきれいです。(「夏の花、秋の花ではなく」という意味)
　　△春はきれいです。(文脈があれば可)

(4e) 前提

「N1 は」が「N1 について言うと」という前提を表します。これまで見てきた (4a) から (4d) の「N1 は」にも「N1 について言うと」という意味が含まれます。しかし、(4a) から (4d) では、「N1 の N2 が Adj です」に言い換えられましたが (4e) では、それが変な文になり、代わりに「N2

のN1がAdjです」と言い換えることができます。

　　日本酒は秋田がうまい。
　　≒秋田の日本酒がうまい。
　　×日本酒の秋田がうまい。

　　スマホはSIMフリーが安いです。
　　≒SIMフリーのスマホが安いです。
　　△スマホのSIMフリーが安いです。

（4f）対象
N2が対象を表します。感情・感覚の形容詞、好き・嫌いを表す形容詞が使われます。主体の「私は」「あなたは」は省略されることが多いです。「N1のN2がAdjです」や「N2のN1がAdjです」への言い換えはできません。

　　（私は）数学が好きです。
　　×私の数学が好きです。
　　×数学の私が好きです。

　　（あなたは）何が欲しいですか。
　　×あなたの何が欲しいですか。
　　×何のあなたが欲しいですか。

2.4. 動詞
2.4.1. 動詞のグループ

動詞は活用の仕方によって3グループに分かれます。

グループI	グループII	グループIII
書く、歌う、走るなど	見る、食べるなど	来る、する（2語だけ）

グループIIIに属するのは「来る、する」の2語だけですから、これだけ覚え

ておけばいいですが、「する」は「勉強する」「研究する」「見学する」のようにもなります。ほかの動詞がどのグループに属するかを「書きます」のようなマス形（書きます）から判断する方法と、「書く」のような辞書形から判断する方法があります。マス形から判断する場合は、-imasu で終わっているものをグループ I とし、それ以外をグループ II とします。辞書形から判断する場合には、「見る」のように -iru で終わっているものと「食べる」のように -eru で終わっているもの（食べる）をグループ II とし、それ以外をグループ I とします。どちらの方法でも例外があります。初級で勉強する動詞で、例外となるのはそれほど多くありません。上級で習う動詞まで含めても、藤村（2004）の研究によると、動詞約 3000 語のうち、「〜する」動詞が約半分で、残りの約 1500 語の動詞について例外となる動詞は、辞書形から判断しても、マス形から判断しても、約 50 語です。

辞書形から判断する方法とマス形から判断する方法と、どちらがいいですか？

辞書形からがお勧め。辞書に出てくる形だし、辞書形を使う文型は多いんです。だから新しい動詞に出会ったら辞書形を覚えた方が有利だと思うんだよね。そうそう、こんな論文もあるよ。

藤村泰司（2004）「動詞分類判別法－「辞書形」法が「ます形」法より優れている一つの理由－」International University of Japan, Working Papers Vol. 14, 29-35.

辞書形から判断する場合、-iru または -eru で終わっているのはグループ II のはずなのに、実はグループ I である動詞があって、それが例外になります。以下がその例です。

-iru で終わるグループ I の動詞	
初級	切る、知る、入る、走る
中級	要る、握る、参る（「行く・来る」の意味）

上級	煎(炒)る、限る、かじる、気に入る、混じる、交じる、なじる、よじる、恐れ入る、陥る、遮る、しくじる、捻じる、罵る、せびる、散る、参る(「負ける」の意味)、〜切る(裏切る、区切る、締め切る、千切る、値切る、張り切る、横切る、打ち切る、思い切る、仕切る、踏み切る、割り切る、など)

-eru で終わるグループⅠの動詞	
初級	帰る
中級	しゃべる、滑る、減る
上級	焦る、返る、蹴る、湿る、ひねる、嘲る、いじる、うねる、つねる、照る、練る、耽る、蘇る、〜返る(振り返る、生き返る、ひっくり返る、などの複合動詞)

マスから判断する場合、-imasu で終わっているのはグループⅠのはずなのに、実はグループⅡである動詞があって、それが例外になります。以下がその例です。

-imasu で終わるグループⅡの動詞	
初級	浴びる、起きる、降りる、借りる、着る、出来る(可能の意味)、見る
中級	生きる、居る、落ちる、下りる、過ぎる、存じる、足りる、出来る(完成の意味)、閉じる、似ている、伸びる
上級	飽きる、案じる、演じる、老いる、応じる、帯びる、重んじる、顧みる、省みる、感じる、興じる、禁じる、朽ちる、懲りる、試みる、錆びる、信じる、強いる、染みる、滲みる、生じる、通じる、尽きる、通り過ぎる、綴じる、飛び下りる、似る、煮る、延びる、恥じる、率いる、報じる、綻びる、滅びる、満ちる、診(看)る、報いる、命じる、用いる、論じる、詫びる

2.4.2. 動詞のテ形

辞書形から**テ形**の作り方について説明します。

グループⅢは、「する」→「して」、「来る」→「来て」になります。
グループⅡは、「～る」→「～て」になります。
グループⅠは、以下のようになります。

「～す」→「して」
「～く」→「いて」
「～ぐ」→「いで」
「～う、～つ、～る」→「って」
「～ぬ、～む、～ぶ」→「んで」

'true numb' と覚えてもいいかもしれません。-tu、-ru、-u、は tu（っ）になり、-nu、-mu、-bu は n（ん）になりますから。

2.4.3. 動詞の活用

動詞の活用形は、例えば「食べた」の場合、その意味・用法から「過去形」または活用形の形から「**タ形**」と呼ばれます。

意味・用法から	形から
過去形	タ形
進行形	テイル形
丁寧体	マス形
終止形	ル形、辞書形

GⅠ	否定 ない	使役 せる	受身 れる	マス ます	辞書	仮定 ば	可能 る	命令	意志 う	テ	タ
貸-す	さ		し	す		せ		そ	して	した
書-く	か		き	く		け		こ	いて	いた
急-ぐ	が		ぎ	ぐ		げ		ご	いで	いだ
買-う	わ		い	う		え		お	って	った
立-つ	た		ち	つ		て		と		
終わ-る	ら		り	る		れ		ろ		
死-ぬ	な		に	ぬ		ね		の		

飲-む 飛-ぶ	ま ば	み び	む ぶ		め べ	も ぼ	んで	んだ
GⅡ	ない	させる	られる	ます	ば	(ら)れる	う		
着-る 食べ-る	-	-	る	れ	-	ろ	よ	て	た
GⅢ									
する	しない	させる	される	します	する	すれば	できる	しろ	しよう	して	した
来る	こない	こさせる	こられる	きます	くる	くれば	こられる	こい	こよう	きて	きた

GⅠ（グループⅠ）の「貸す」は「か」と「す」に分けます。「か」の部分は変化しません。「す」が変化する（活用する）部分です。「貸す」が「〜ない」に続くときは、「か-さ-ない」になります。表には変化した部分である「さ」を書いています。「買う」の否定は「買あない」ではなく「買わない」です。これは「買う」が /kau/ ではなく /kawu/ だったとすれば理解できるでしょう。昔のワ行は「わ、ゐ、う、ゑ、を」が /wa, wi, wu, we, wo/ でしたが、今は /wa, i, u, e, o/ になっているのです。

GⅡの「-」は変化しない部分に続くことを表します。例えば「着る」の変化しない部分は「き」ですから、「着る」が「〜ない」に続くときは「き-ない」になります。

GⅢは、不規則な変化をしますので、変化しない部分と変化する部分を分けずに、全体の形を表しています。このまま覚えてください。

活用表の例外は、「行く」と「ある」です。GⅠの「行く」はテ形とタ形のとき、「行いて」ではなく「行って」になります。GⅠの「ある」の否定の形は「あらない」ではなく、「ない」になります。

2.4.4. 自動詞・他動詞と格

基本的には、「名詞＋を＋動詞」のように「名詞＋を」と一緒に使われる動詞を**他動詞**、「名詞＋を」と一緒に使われない動詞を**自動詞**と言います。

他動詞：リサがコップを割った。
　　　自動詞：コップが割れた。

この例では、「コップを」が「名詞＋を」です。「名詞＋を」は目的語 object と言います。また、それをヲ格とも呼びます。格 case は言語学で使われる用語で、名詞の形のことです。日本語にはヲ格、ガ格、ニ格、ヘ格、デ格、カラ格、マデ格、ノ格などがあります。格の名称はその文法的な性格や意味的な性格からたくさんの異なる名前で呼ばれますが、以下の表には主なものだけを挙げます。例えば、ヲ格は、ヲ格または対格 accusative (case) と呼ばれます。なお「目的語」というのは形（＝格）ではなく、文法的な役割です。「主語」というのも文法的な役割です。

ヲ格	ガ格	ニ格	ヘ格	デ格	カラ格	マデ格	ノ格
対格	主格	与格					
accusative	nominative	dative					

次の例を見てください。（さきほど見た例ももう一度見てみましょう。）

　(a)　他動詞：リサがコップを割った。
　(b)　自動詞：コップが割れた。

　(c)　他動詞：これは誰が割ったの？
　(d)　他動詞：これ、誰が割ったの？
　(e)　他動詞：誰が割ったの？

　(f)　他動詞：水を飲む。
　(g)　他動詞：写真を見る。

　(h)　自動詞：リサが公園を通った。
　(i)　自動詞：リサが歩道を歩いた。

(j) 自動詞：リサが階段を上った。
(k) 自動詞：リサが横断歩道を渡った。

(a) にはヲ格があり、(b) にはヲ格がありませんから、(a) の動詞は他動詞で、(b) の動詞は自動詞です。さて、(c) にはヲ格はありません。しかし、「これは」は目的語です。「を」が「は」に変わって、語順も変わっています。もとの形はヲ格で、目的語です。「割る」はもともとヲ格の目的語と一緒に使われる動詞ですから、このような例でも他動詞と認められます。(d) では「は」が省略されていますし、(e) では目的語が省略されてしまっています。それでも、「割る」はもともとヲ格の目的語と一緒に使われる動詞ですから、これらの例でも「割る」は他動詞と認められます。

他動詞は典型的には主語が目的語に何か影響を与えるということを表します。例えば (a) では主語である「リサ」が目的語である「コップ」に割れるという影響を与えています。(f) の例では「水」が人の体の中に入るので、グラスの中にはなくなるという影響があります。では、(g) ではどうでしょうか。写真を見ても、写真には何の変化もありませんから、写真には何の影響もありません。これは他動詞の意味としては少し特殊で影響がない場合なのですが「写真を」は目的語なので他動詞として認められます。

次に (h) から (k) の例を見てみましょう。(h) から (k) の例にはすべてヲ格があります。ヲ格があっても、これらの文に出てくる動詞は他動詞ではなく、自動詞です。それはどうしてでしょうか。実はこれらのヲ格は目的語ではなく、移動する場所ではなく「経路」を表しているからです。それは、これらの文を質問文に変えると「どこ」になることからわかります。例えば、「リサはどこを通りましたか。」「リサはどこを歩きましたか。」のように「どこを」で、経路をたずねることになります。これに対して、他動詞の場合の質問文は「何を」になります。(f) なら「何を飲みましたか。」になり、(g) なら「何を見ましたか。」になります。

以上のことから、この節の始めに言った、次のことは修正が必要です。

基本的には、「名詞＋を＋動詞」のように「名詞＋を」と一緒に使われる動詞を他動詞、「名詞＋を」と一緒に使われない動詞を自動詞と言います。

正しくは、次のようになります。

　省略がない場合に目的語の「名詞＋を」をとる動詞を他動詞、目的語の「名詞＋を」をとらない動詞を自動詞と言います。

なお、以下の例も、動詞「降りる」が移動を表し、「電車を」が移動が始まる場所である「始点」を表しているので「降りる」は自動詞です。ただし、これを質問文に変えると、「×どこを降りましたか」ではなく、「何から降りましたか。」または「何を降りましたか。」になりますので、質問文の形からは自動詞とは判断できませんので例外です。

　　　自動詞：リサが電車を降りた。

　自動詞と他動詞は対になるものがあります。例えば、「立つ」と「立てる」、「開く」と「開ける」などです。しかし、対にならないものもあります。例えば、「食べる」は他動詞ですが、これと対になる自動詞はありません。「歩く」は自動詞ですが、これと対になる他動詞はありません。また、「開く」は、自他同形です。つまり、「開く」は自動詞の場合と他動詞の場合があります。「窓が開く」の場合は自動詞で、「窓を開く」の場合は他動詞になります。また、「預かる」と「預ける」のように形は異なっていても、両方とも他動詞ということもあります。

　　お金を預かる
　　お金を預ける

　以下の表には、自動詞と他動詞の形態的対応（形の対応）ごとにまとめた例を示します。使役形も合わせて示します。

〈自動詞〉 →	〈他動詞〉 →	〈自動使役〉 →	〈他動使役〉
Intransitive	Transitive	Causative of Intransitive	Causative of Transitive

(1) -ARU / -U

～ガ	～ガ～ヲ		
ふさがる	ふさぐ		ふさがせる

～ガ～ニ	～ガ～ヲ		
つかまる	つかむ	つかまらせる	つかませる
またがる	またぐ	またがらせる	またがせる

～ガ～ニ	～ガ～ニ～ヲ注)		
くるまる	くるむ		くるませる
授かる	授ける		授けさせる

(2) -ARU / -ERU

～ガ	～ガ～ヲ		
上がる	上げる	上がらせる	上げさせる
植わる	植える		植えさせる
かかる	かける	かからせる	かけさせる
下がる	下げる	下がらせる	下げさせる
閉まる	閉める		閉めさせる
始まる	始める		始めさせる
終わる	終える	終わらせる	終えさせる
変わる	変える	△変わらせる	変えさせる
集まる	集める	集まらせる	集めさせる
止まる	止める	止まらせる	止めさせる
当たる	当てる	△当たらせる	当てさせる
薄まる	薄める		薄めさせる

注) ～ガ～ニ～ヲと～ガ～ヲ～ニの語順は、どちらでも可能ですが、～ガ～ニ～ヲの方が多く使われる傾向があります。なかには「話す」「伝える」「知らせる」のような伝達を表す動詞や、「変える」「戻す」のような変化を表す動詞のように～ガ～ヲ～ニの語順が多く使われる傾向がある動詞もあります。

おさまる	おさめる	△おさまらせる	おさめさせる
固まる	固める	固まらせる	固めさせる
決まる	決める		決めさせる
そなわる	そなえる		そなえさせる
高まる	高める	高まらせる	高めさせる
伝わる	伝える	伝わらせる	伝えさせる
混ざる	混ぜる		混ぜさせる
丸まる	丸める	丸まらせる	丸めさせる
もうかる	もうける	もうからせる	もうけさせる
休まる	休める		
弱まる	弱める		弱めさせる
助かる	助ける		助けさせる
曲がる	曲げる	△曲がらせる	曲げさせる
見つかる	見つける		見つけさせる

～ガ～ニ | **～ガ～ニ～ヲ**

埋まる	埋める		埋めさせる
植わる	植える		植えさせる
泊まる	泊める	泊まらせる	泊めさせる
当たる	当てる	当たらせる	当てさせる
かぶさる	かぶせる		
重なる	重ねる	重ならせる	重ねさせる
染まる	染める	染まらせる	染めさせる
据わる	据える		据えさせる
伝わる	伝える	伝わらせる	伝えさせる
混ざる	混ぜる	混ざらせる	混ぜさせる
加わる	加える	加わらせる	加えさせる

～ガ～ニ | **～ガ～ヲ**

受かる	受ける	受からせる	受けさせる

(3) -U　-ERU

～ガ	～ガ～ヲ		
開(あ)く	開ける		開けさせる
育つ	育てる		育てさせる
立(建)つ	立(建)てる	立(建)たせる	立(建)てさせる
並ぶ	並べる	並ばせる	△並べさせる
進む	進める	進ませる	進めさせる
いたむ	いためる	△いたませる	いためさせる
かたむく	かたむける	かたむかせる	かたむけさせる
落ち着く	落ち着ける	落ち着かせる	落ち着けさせる
そろう	そろえる	△そろわせる	そろえさせる
縮む	縮める	縮ませる	縮めさせる
ゆるむ	ゆるめる	ゆるませる	ゆるめさせる
やむ	やめる	△やませる	やめさせる
続く	続ける	続かせる	続けさせる

～ガ～ニ	～ガ～ニ～ヲ		
つく	つける		つけさせる
立(建)つ	立(建)てる	立(建)たせる	立(建て)させる
並ぶ	並べる	並ばせる	△並べさせる
届く	届ける	△届かせる	届けさせる
近づく	近づける	近づかせる	近づけさせる
浮かぶ	浮かべる	浮かばせる	浮かべさせる

(4) -ERU　-U

～ガ	～ガ～ヲ		
取れる	取る		取らせる
切れる	切る	△切れさせる	切らせる
焼ける	焼く		焼かせる
破れる	破る		破らせる
割れる	割る		割らせる
折れる	折る	△折れさせる	折らせる

(5) -ERU　　　　　-ASU

　　～ガ　　　　　～ガ～ヲ

生える	生やす	生えさせる	生やさせる
負ける	負かす	負けさせる	負かさせる
さめる	さます	△さめさせる	さまさせる
荒れる	荒らす	荒れさせる	荒らさせる
枯れる	枯らす	枯れさせる	△枯らさせる
こげる	こがす	こげさせる	△こがさせる
絶える	絶やす	絶えさせる	絶やさせる
冷える	冷やす	冷えさせる	△冷やさせる
もれる	もらす	もれさせる	もらさせる
燃える	燃やす	燃えさせる	燃やさせる
遅れる	遅らす	遅れさせる	遅らせる
肥える	肥やす	肥えさせる	肥やさせる
ぬれる	ぬらす	ぬれさせる	ぬらさせる

　　～ガ～ニ　　　～ガ～ニ～ヲ

生える	生やす	生えさせる	生やさせる
慣れる	慣らす	慣れさせる	

　　～ガ～カラ/ニ　　～ガ～カラ/ニ～ヲ

逃げる	逃がす	逃げさせる	

　　～ガ～カラ/ニ/ヲ　～ガ～カラ/ニ～ヲ

出る	出す	でさせる	ださせる

(6) -RERU　　　　-SU

　　～ガ　　　　　～ガ～ヲ

倒れる	倒す	倒れさせる	倒させる
壊れる	壊す	壊れさせる	壊させる
くずれる	くずす	くずれさせる	くずさせる
けがれる	けがす	けがれさせる	けがさせる
よごれる	よごす	よごれさせる	よごさせる
こぼれる	こぼす		こぼさせる

流れる	流す	流れさせる	流させる
あらわれる	あらわす	あらわれさせる	

　　　～ガ～カラ/ニ　　～ガ～カラ/ニ～ヲ
こぼれる	こぼす	こぼれさせる	こぼさせる
隠れる	隠す	隠れさせる	隠させる

　　　～ガ～カラ/ヲ　　～ガ～カラ～ヲ
離れる	離す	離れさせる	離させる
外れる	外す	外れさせる	外させる

(7) -U　　　　-ASU

　　　～ガ　　　　～ガ～ヲ
減る	減らす		減らさせる
動く	動かす	動かせる	△動かさせる
かわく	かわかす	かわかせる	△かわかさせる

　　　～ガ～カラ/ニ　　～ガ～カラ/ニ～ヲ
もる	もらす		もらさせる

(8) -IRU　　　-ASU

　　　～ガ　　　　～ガ～ヲ
のびる	のばす	のびさせる	のばさせる
みちる	みたす	みちさせる	みたさせる
生きる	生かす	生きさせる	生かさせる

(9) -IRU　　　-OSU

　　　～ガ　　　　～ガ～ヲ
起きる	起こす	起きさせる	起こさせる
滅びる	滅ぼす	滅びさせる	滅ぼさせる

~ガ~カラ/ニ	~ガ~カラ/ニ~ヲ		
落ちる	落とす	落ちさせる	落とさせる

~ガ~カラ/ニ/ヲ	~ガ~カラ/ニ~ヲ		
降りる	降ろす	降りさせる	降ろさせる

(10) -RU　　　-SU

~ガ	~ガ~ヲ		
起こる	起こす	起こらせる	起こさせる
なおる	なおす	△なおらせる	なおさせる
回る	回す	回らせる	回させる

~ガ~ニ	~ガ~ニ~ヲ		
残る	残す	残らせる	残させる
くだる	くだす	くだらせる	くださせる

~ガ~カラ/ニ	~ガ~カラ/ヲ~ヲ		
帰る	帰す	帰らせる	帰させる

~ガ~カラ/ニ/ヲ	~ガ~カラ/ニ~ヲ		
うつる	うつす	うつらせる	うつさせる

~ガ~(場所)ヲ	~ガ~ヲ		
通る	通す	通らせる	通させる
回る	回す	回らせる	回させる
渡る	渡す	渡らせる	渡させる

〈自動詞〉	〈他動詞〉	〈二重他動詞〉注)	〈自動使役〉	〈他動使役〉
(11) -RU	-RU	-SERU		
	~ガ~ニ~ヲ			
	着る	着せる	着させる	△着せさせる
	浴びる	浴びせる	浴びさせる	△浴びせさせる
~ガ~ニ		~ガ~ニ~ヲ		
似る		似せる		似せさせる
乗る		乗せる	乗らせる	乗せさせる
(12) -ERU	-RU	-SERU		
~ニ~ガ	~ガ~ヲ	~ガ~ニ~ヲ		
見える	見る	見せる	△見えさせる	見せさせる
(13) 自他同形				
-U	-U			
~ガ	~ガ~ヲ			
笑う	笑う		笑わせる	△笑わせる
ひらく	ひらく		△ひらかせる	ひらかせる
(14) その他				
~ニ~ガ	~ガ~ヲ			
聞こえる	聞く		△聞こえさせる	聞かせる
~ガ	~ガ~ヲ			
消える	消す		消えさせる	消させる
生まれる	生む		生まれさせる	生ませる
~ガ~ニ	~ガ~ニ~ヲ			
はいる	いれる		はいらせる	いれさせる

注) 「ナミがルーシーにみかんをあげた」のような文で、「みかんを」という目的語のほかに「ルーシーに」のように二格で、この文に必要な要素がある場合、これも目的語の一種とみなして、二重に目的語をとる動詞ということで二重目的動詞と呼びます。

（15）他動詞のみ

自動詞	他動詞	自動使役	他動使役
	食べる		食べさせる
	飲む		飲ませる
	殺す		殺させる
	預かる・預ける		預からせる・預けさせる

（16）自動詞のみ

自動詞	他動詞	自動使役	他動使役
行く		行かせる	
歩く		歩かせる	
遊ぶ		遊ばせる	
いる		いさせる	
座る		座らせる	
ある			
からまる・からむ		からまらせる・からませる	

2.4.5. 「いる」と「ある」

「いる」は「生き物（**有生物**、有情物）animate」の存在、「ある」は「物（**無生物**、無情物）inanimate」の存在を表します。「いる」の古い形は「ゐる」です。「ゐる」は「動くことができるものが、動かないでじっとしている」ことを意味していました。そのため、現代語の「いる」も「動けるものが存在している」と言った方が「生き物が存在している」というより正しいです。「動けるもの」ですから、例えばタクシーのような無生物でも「いる」を使うことがあります。

　　　　　大通りまで出ればタクシーがいるから、そこでつかまえて帰りなよ。

ただし、タクシーの車体について言うときには、その動きには関心がありませんので、「いる」ではなく「ある」が使われます。

東京にはタクシーが何千台あるかわからない。

逆に、生き物でも売り物などになった場合には「ある」を使います。これは、その生き物の本来の動きができなくなっていると考えられるからです。

　　　＜居酒屋で＞今日は、生きたイカがありますけど、おさしみにしてお出ししましょうか。

　実際には同じ状況でも、それを「動き」と感じる場合も、そうでない場合もあります。現実世界を人がどう解釈するかによって、言葉の使い方も変わります。大きな丸い生け簀（水槽）の水がぐるぐる回っていて、その中にいるイカは勢いよく泳いでいるかもしれません。それでも、海を自由に動き回れなくなった生け簀の中のイカは「ある」です。一方で、小さな水槽に入っている金魚は「いる」です。金魚には自由な動きができていると、話し手が感じているからです。先ほどタクシーが「いる」という例を出しました。では、バスや列車ではどうでしょうか。どこにでも動いていけるタクシーに比べて、決まった路線や線路の上しか走らないバスや列車の動きの自由度は下がりますので、バスや列車には「ある」の方が使いやすくなります。人によって感じ方が違いますので、「いる」と「ある」の使い分けが人によって異なることがありますが、たくさんの日本語母語話者に聞いてみると、ここで説明したような傾向があることが分かるでしょう。

2.4.6. 意志動詞と無意志動詞

　主語が無生物の場合には動詞は**無意志動詞**になります。主語が人や動物の場合には、動詞は**意志動詞**の場合と無意志動詞の場合があります。主語が動作をコントロールできる場合は意志動詞、コントロールできない場合に無意志動詞が使われます。前に見た「いる」は無意志動詞です。

意志動詞	無意志動詞
スピードを落とす	お金を落とす
嫌なことを忘れる	名前を忘れる
人が動く	机が動く
風呂に入る	お金が財布に入る
二階に上がる	物価が上がる
人が走る	バスが走る
勉強する	暑くなる

「〜する」は意志動詞、「〜なる」は無意志動詞が原則ですが、「〜する」が無意志動詞、「〜なる」が意志動詞になることもあります。

する	
意志動詞	無意志動詞
理解する	混乱する
注意する	油断する
仕事をする	怪我をする

なる	
意志動詞	無意志動詞
医者になる	雨になる
(人が) 有名になる	(町が) 有名になる

「混乱する」や「油断する」が精神的なことですので、それを意志動詞と勘違いしてしまう学習者もいるようです。意志動詞は自分の意志でコントールできるものです。意志の表現である「〜しよう」や命令の表現である「〜しなさい」という形で使える動詞が意志動詞です。例えば、「同じ間違いをしないように注意しよう。」「危ないから注意しなさいよ。」と言えるので「注意する」は意志動詞です。一方、「×みんなで混乱しよう。」「×混乱しなさい。」とは、普通は言えないので、「混乱する」は無意志動詞です。ただし、特殊な文脈があれば無意志動詞でも意志形や命令形が使えることがありますので、このルールが万能なわけではありません。例えば「けがをする」「暑くなる」は無意志動詞ですが、次の文では意志形、命令形で使われています。「わざと車にぶつかって、少しだけ、けがをしよう。そして慰謝料を取ってやろう。」「今日は、暑い。でも、俺は夏が好きだ。もっと、もっと、暑くなれ！」、ここでの「けがをしよう」は「わざと」「故意に」という意味を伴った意志動詞です。「暑くなれ」は「暑

くなってほしい」という意味に近く、願望を表しています。

2.4.7. 授受動詞（やりもらい）

　日本語の**授受動詞**は「あげる」「もらう」「くれる」の3種類です。これは英語、韓国語、中国語に比べると1つ多いです。英語、韓国語、中国語では、日本語の「あげる」と「くれる」が同じ語で表されます。英語は'give'、韓国語は「주다（juda）」、中国語は「給」です。日本語の「もらう」に相当するのは、英語ではreceive、韓国語では「받다（badda）」、中国語では「受」ですが、中国語では、他に「要、収」なども使われます。このように、授受動詞は英語、韓国語、中国語では2つの体系からなっているのに対して、日本語では3つの体系になっているのです。日本語の授受動詞には敬語もからんでくるので、さらに複雑になります。それぞれの意味を図で確認しましょう。

○　　は話し手（＝「私」）を表します。
●　　は視点・主語「～が」を表します。
→　　はモノや行為の方向をします。

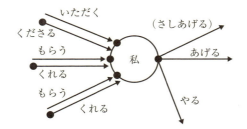

> 授受動詞は学習者が混乱しそうですが、教え方のコツはありますか？

> 「私」の視点をはっきりさせることが大事ですね。教師が学習者のそばに立つことだね。そうやって教師と学習者（＝私）の視点が一致させるんだよ。教師とあげる人（学習者A）ともらう人（学習者B）の3人が別々のところにいて練習すると、誰の視点なのか混乱してしまうから、まずは視点を一致させた練習だけをやった方がいいと思うよ。

授受動詞の例

　　（a）私はナミにいちごをあげた。
　　（b）ナミは私にみかんをくれた。
　　（c）私はナミにみかんをもらった。
　　（d）私はナミからみかんをもらった。

（a）の「ナミに」は**着点**goal となる受け手を表します。（b）の「私に」も着点である受け手を表します。一方、（c）の「ナミに」は移動の**起点**source である与え手を表します。起点つまり与え手は（d）のように「ナミから」でも表すことができます。

　次に「〜て＋授受動詞」の例を見ましょう。これらは具体的な物が移動するわけではありません。サービスをしてあげたり、してもらったりする、「サービスの授受（やりもらい）」の表現です。

「〜て」＋授受動詞の例

　　（e）私はナミに地図を描いてあげた。
　　（f）ナミは私に本を読んでくれた。
　　（g）私はナミに本を読んでもらった。
　　（h）×私はナミから本を読んでもらった。

（e）の「ナミに」は着点となる受け手を表します。（f）の「私に」も着点であ

る受け手を表します。一方、(g) の「ナミに」は移動の起点 source である与え手を表します。起点つまり与え手は、(d) では、「ナミから」でも表すことができましたが、(h) では、「〜から」で起点つまり与え手を表すことができません。このように「もらう」と「〜て」のついた「〜てもらう」では少し違いがあります。起点を表す「〜から」は (d) のように具体的な物の移動の場合には使えますが、(h) のようにサービスや恩恵の場合には使えません。

受け手が人の場合か組織の場合かでも「〜てもらう」に違いがあります。

(i) 私はナミ {に／から} 手紙をもらった。
(j) 私は会社 {△に／から} 手紙をもらった。

(i) の例で分かる通り、起点つまり与え手が「ナミ」のように人の場合には、(c)、(d) と同じように、「〜に」でも「〜から」でも表せます。しかし、(j) のように、与え手が人ではなく、組織の場合には、「〜から」は自然ですが、「〜に」は不自然になります。

ところで、p.127 の「さしあげる」にはかっこがついています。これは、使えない場合があるからです。

(k) 先生にお土産をさしあげたら、とても喜んでくださいました。
(l) ×「先生、このお土産、さしあげます。」

(k) のように目上の人にお土産をさしあげたことを誰かに伝えるときは問題ありませんが、目上の本人に対して「さしあげます」とは言えません。「恩着せがましい」感じがします。恩に着せる、というのは、相手に何かしてあげることによって、いつか自分にも何かしてほしいという感じを与えることです。直接「あげます」や「さしあげます」と言うのはそういう感じを与えてしまうのです。代わりに、「〜いかがですか。」というように相手に判断してもらう言い方をすれば大丈夫です。なお、「ご来場者には漏れなく、記念品を差し上げます。」という宣伝を見聞きすることがあります。この場合は、「来ればいいことがありますよ。」と「恩に着せて」参加者を集めたいという意図が明白です。また、メールなどで、「ご連絡差し上げます」という表現は実は多く見かけま

すが、会社などでは、相手に失礼な感じを与えてしますので、代わりに「ご連絡いたします」を使うようにと指導されることがあります。
　ここまでは、話し手（＝私）が与え手または受け手になる授受動詞を見てきましたが、話し手が関係しない場合は次のようになります。

Aさん ○ ＝＝あげる＝＝→ ● Bさん
　　　　　　もらう

2.4.8. 可能形

　可能の表現には、動詞を可能形に変えるものと動詞に「～ことができる」を付けるものがあります。
　まず、可能形は、動詞のグループごとに次の表のように作られます。グループⅠの動詞では、辞書形の場合は -er- を挿入し、マス形の場合は、-i- を -e- に替えます。グループⅡの動詞では、辞書形の場合もマス形の場合も -rare- を挿入します。グループⅢは「来られる」「できる」になります。

グループⅠ	読む	yomu	→	yom-er-u	読める
	行く	iku	→	ik-er-u	行ける
	読みます	yom-i-masu	→	yom-e-masu	読めます
	行きます	ik-i-masu	→	ik-e-masu	行けます
グループⅡ	見る	mi-ru	→	mi-rare-ru	見られる
	食べる	tabe-ru	→	tabe-rare-ru	食べられる
	見ます	mi-masu	→	mi-rare-masu	見られます
	食べます	tabe-masu	→	tabe-rare-masu	食べられます
グループⅢ	来る	→	来られる		
	する	→	できる		

　動詞に「～ことができる」を付ける形では、動詞のグループに関係なく、「辞書形＋ことができる」にします。

2. 品詞

　　　漢字を読むことができます。　　　　　　（読む：グループⅠ）
　　　刺身を食べることができます。　　　　　（食べる：グループⅡ）
　　　勉強することができます。　　　　　　　（勉強する：グループⅢ）
　　　明日、来ることができます。　　　　　　（来る：グループⅢ）

　意志動詞は可能形になりますが、無意志動詞は可能形になりません。意志動詞と人や動物が主語の無意志動詞は「～ことができる」と言えますが、物が主語の無意志動詞は「～ことができる」も言えません。

　　　弟が起きる　＜意志動詞＞　　　　　　○起きられる
　　　　　　　　　　　　　　　　　　　　　○起きることができる
　　　弟が入学試験に受かる　＜無意志動詞＞　×受かれる
　　　　　　　　　　　　　　　　　　　　　○受かることができる
　　　ドアが閉まる　＜無意志動詞＞　　　　×閉まれる
　　　　　　　　　　　　　　　　　　　　　×閉まることができる

　グループⅡおよびグループⅢの「来る」の可能形には別の形があります。本来の可能形から「ら」がなくなった形なので、「ら抜き言葉」と言いいます。

　　　ら抜き言葉：
　　　グループⅡ　　見られる→見れる　　　見られます→見れます
　　　　　　　　　　食べられる→食べれる　食べられます→食べれます
　　　グループⅢ　　来られる→来れる　　　来られます→来れます

　「ら抜き言葉」は間違った形とされていて、書き言葉ではあまり使われません。しかし、話し言葉では、「ら」のある形よりも「ら抜き言葉」を使う人が多くなってきました。特に、「見る」「食べる」のような2音節や3音節のように短くて、日常的によく使われる動詞はら抜きで使われることが多くなっています。これに対して音節数が多く、日常的に使用頻度の低い語は、話し言葉でも「ら抜き言葉」にならない傾向があります。例えば、4音節の「教える」は「教えれる」よりも「教えられる」の方が、5音節の「考える」は「考えれる」よりも「考

第3章　文法

えられる」の方がよく使われます。

　「ら抜き言葉」が使われるようになった理由は二つあります。一つ目の理由は、グループⅡの可能の形を「ら抜き言葉」にして、グループⅠと同じ形にした方がわかりやすいという意識が働くからです。グループⅠの可能の形は辞書形に -er- を加えます。例えば、「読む」yom-u は yom-er-u になります。これに合わせて、グループⅡでも「ら抜き言葉」の場合、辞書形に -er- を加えることで作ることができます。例えば、「見る」mir-u は mir-er-u、「食べる」taber-u は taber-er-u になります。このように「ら抜き」を認めると、可能を表す形は、グループⅠもⅡも辞書形に -er- をつけるという同じルールになり、シンプルになります。もう一つの理由は可能形には、可能の意味以外にも受身、尊敬、自発という全部で四つの意味があり、意味が多すぎて分かりづらいので、それを分けようという意識が働くからです。

　　　刺身が食べられますか。　　　　　　　　　　　（可能）
　　　ネズミにチーズを食べられた。　　　　　　　　（受身）
　　　先生は、チーズをおいしそうに食べられました。（尊敬）
　　　昔のことが思い出されます。　　　　　　　　　（自発）

可能の意味を持つ形はグループⅡの場合も、グループⅠと同じように -er-u の形にしておいて、それとは別にグループⅡの -rareru の形、グループⅠの -reru の形は可能ではなく、受身・尊敬・自発の意味を表す形とした方が区別がついてわかりやすくなります。

　　このように、まだ「間違った」形とされている「ら抜き言葉」ですが、「ら抜き言葉」を使った方がわかりやすくなりますから、「ら抜き言葉」が今後、さらに使われるようになるでしょう。そして、いつか「正しい」と認められるようになると思います。

　可能には、能力を表すものと、状況を表すものがあります。能力を表すものを能力可能、状況によるものを状況可能と呼びます。次の (1)、(2) は能力可

能、(3)、(4)は状況可能の例です。

(1) ソラさんは漢字が3000ぐらい読めます。
(2) リカさんはまだ漢字が読めません。
(3) 暗くて字が読めません。
(4) 明るくなったので字が読めました。

2.4.9. 可能形と助詞

他動詞の**可能形**の場合、「〜を」の代わりに「〜が」も使えることに注意しましょう。

　　　私は刺身を食べる→私は刺身{を／が}食べられます。
　　　リサさんは日本語を話す。→リサさんは日本語{を／が}話せる。
　　　リサさんは日本語を話す→リサさんは日本語{を／△が}話すことができる。

これは、可能の表現が二つの異なる順序で作られるからと考えられます。まず、「刺身を食べ（ます）」があって、「ます」が可能形になると考えると、「刺身を食べられます」というようにヲが残ります。一方、可能形「食べられます」があって、それに「刺身」がつくと考えることもできます。「食べられます」は可能形ですから、状態を表す動詞です。状態を表す動詞の場合、目的語はガになります。それで、「刺身が食べられます」になります。

「できる」は「〜をする」の可能形、または「名詞＋する」の可能形です。

　　　テニスをする→テニスができる。
　　　複写する→複写できる。
　　　コピーする→コピーできる。

「できる」には対応する「〜する」がないものもあります。

　　　日本語ができる　　×日本語をする。

「名詞＋する」動詞の可能形「名詞＋できる」の前にもヲまたはガが使われます。

　　　　　学生はコピー機 ｛を／が｝ 利用できる。
　　　　　学生は図書館で資料 ｛を／が｝ コピーできる。

「コピー機を利用する」があって「する」が「できる」に変わって、ヲが残ったとも考えられますし、一方で「利用できる」という可能形、つまり状態動詞に「コピー機」がついたためガが使われるとも考えられます。
　しかし、「名詞＋できる」で名詞が「できる」の目的語になる場合は、普通、ヲではなく、ガが使われます。

　　　　　学生は図書館で資料のコピー ｛を／△が｝ できる。
　　　　　明日、発表 ｛を／△が｝ できますか。

これは状態動詞である「できる」と目的語の間に他の語がないため、目的語にはガが使われ、ヲは使われないからです。逆に目的語と「～できる」が遠く離れれば、ヲが使われやすく、ガは使われにくくなります。

　　　　　学生はコピー ｛△を／が｝ できる
　　　　　学生はコピー ｛を／△が｝、朝9時から夕方の6時まで事務室の横のコピー室でできる。

　ところで、「できる」は状態動詞ですが「できるようにする」という形にすると、状態ではなく、動作を表すようになります。すると、目的語の後に他の語がなくても、ヲも自然に使えるようになります。そして、「できるようにする」の「できる」が「が」をとることも可能なので、「ヲ」も「が」も使えることになります。

　　　　　研究室でもコピー ｛を／が｝ できるようにします。
　　　　　明日までに、発表 ｛を／が｝ できるようにします。

2.4.10. 能力可能と状況可能

能力を表す可能は**能力可能**と呼ばれます。例えば「見える」です。

   耳は遠くなったが、目は見える。
   目がいいので、遠くまでよく見える。

自分の能力には関係なく、見ることができる状況があるという意味を表すこともあります。

   今日は晴れているので、遠くまでよく見える。
   富士山が近いので、よく見える。

このようにある状況で可能ということを表すのは**状況可能**と呼ばれています。状況可能のうち、話しているその場のことについて言う場合には「見える」「見られる」「見ることができる」の3つすべてを使うことができます。

   霧が晴れたら、富士山が見える。
   霧が晴れたら、富士山が見られる。
   霧が晴れたら、富士山を見ることができる。

景色や物が単に目に映るというだけではなく、主体的に見る行為、つまり、鑑賞、観賞、観察など、意志が強く感じられると、それは能力とも状況とも異なりますので、「見える」は使えなくなります。

   ×チケットが手に入れば、コンサートが見える
   チケットが手に入れば、コンサートが見られる。
   チケットが手に入れば、コンサートを見ることができる。

2.5. 副詞

副詞は、動詞、イ形容詞、ナ形容詞、ほかの副詞を修飾します。

<u>ゆっくり</u><u>話して</u>ください。　（動詞を修飾）

今日は<u>少し</u><u>暑い</u>ですね。　（イ形容詞を修飾）

ここは<u>とても</u><u>静か</u>ですね。　（ナ形容詞を修飾）

<u>もっと</u><u>ゆっくり</u>話してください。　（副詞を修飾）

最後の例では、「もっと」がほかの副詞「ゆっくり」を修飾しています。さらに、「もっとゆっくり」が動詞「話して」を修飾しています。

　副詞の中には、後に続く動詞の意味が決まっているものがあります。例えば、「けっして」という副詞があれば、その後に否定（打消し）の意味が来ます。このような副詞は**呼応副詞**または**陳述副詞**と呼ばれます。陳述というのは述べ方、話し方という意味です。「けっして」があれば、その後の述べ方が否定になる、ということです。

呼応の副詞（陳述副詞）には次のような例があります。なお、以下の表には、**副詞句**（二つ以上の語が合わさって副詞のような働きをする）も含みます。

断定
絶対（に）・・・する／たい／べき
必ず・・・する／してください／なる
もちろん・・・する／しない／ない／には及ばない

否定

けっして・・・ない	ちっとも・・・ない
まったく・・・ない	さっぱり・・・ない
少しも・・・ない	一度も・・・ない
絶対(に)・・・ない （cf. 肯定の　絶対（に）・・・する）	
もちろん・・・しない／ない／には及ばない	
（cf. 肯定の　もちろん・・・する）	
全然・・・ない　（話し言葉では肯定もある）	

部分否定

めったに・・・ない	それほど・・・ない
必ずしも・・・わけではない	ろくに・・・ない
あまり・・・ない	一概に（は）・・・できない
たいして・・・ない	あながち・・・とも言えない
あえて・・・ない／することはしない	

不可能

なかなか・・・できない	とうてい・・・できない
とても・・・できない　（程度もある）	

推量・可能性

たぶん・・・だろう、と思う	もしかして・・・ですか
さぞ・・・だろう	もしかすると・・・かもしれない
おそらく・・・だろう／んじゃないだろうか	
きっと・・・だろう／んじゃないか	
たしか・・・だろう／ことになっている	

否定推量

まさか・・・ないだろう	よもや・・・まい／ないだろう

疑い	
本当に・・・だろうか	よもや・・・まい／ないだろう
なぜ・・・か	どうして・・・か
いったい・・・だろうか／なぜ・・・か／だれ・・・だろう	

たとえ	
まるで・・・のようだ	ちょうど・・・のようだ

願い・依頼	
どうか・・・てください／ように	
どうぞ・・・てください	
ぜひ・・・たい／てほしい／てもらいたい	

感動	
なんて・・・なんだ／なんだろう	
なんと・・・なんだ／なんだろう	

誘い
ぜひ・・・しましょう

　条件の表現である、「たら」「なら」「ても」などにかかっていく副詞も呼応の副詞と考えることができます。

仮定	
もし・・・なら／たら	たとえ・・・ても
仮に・・・たら	いくら・・・ても
万一・・・なら／たら／ても	

2.5.1. オノマトペ

　擬音語、**擬声語**、**擬態語**をまとめて**オノマトペ**（フランス語 onomatopée）と呼びます。日本語はオノマトペが豊富です。オノマトペは、一般的には動詞にかかるので、副詞です。擬音語は何かの音を、擬声語は動物の声を表します。擬態語は様子を表します。擬音語・擬声語はカタカナで表されることが多く、

擬態語にはひらがな、カタカナの両方が使われます。

擬音語	ゴロゴロ、トントン、ズドーン、バタン、ガサゴソ、ザーザー
擬声語	ギャーギャー、ワンワン、ニャーニャー、ホーホケキョ
擬態語	ふわふわ、キラキラ、がっつり、どーんと、しぶしぶ

　言語は一般には**恣意性**があると言われます。恣意性というのは「関係がない」という意味です。例えば、赤い色を日本語では /aka/ と言い、英語では /red/ と言い、中国語では /hong/ と言います。赤い色をそれぞれ異なる音で表します。このように、「赤」を表すのにどのような音を使ってもいい、つまり、赤という意味とその音には、自然な結びつきや関係はない、ということです。これを恣意性といいます。しかし、オノマトペの場合は、音と意味の間に自然な関係が感じられることがあります。例えば、有声音と無声音のペアがある場合、有声音は、大きい、重い、暗い感じが、無声音は小さい、軽い、明るい感じがします。

　　　　重い岩がゴロゴロ転がった。
　　　　小さい石ころがコロコロ転がった。

　　　　ドアをドンドンたたく音がした。
　　　　ドアをトントンとノックした。

　　　　力を入れてバリッとはがした。
　　　　簡単にパリッとはがれた。

　　　　動物の目がギラギラ光っていて怖かった。
　　　　子供たちの目はキラキラしていた。

　また、繰り返しの表現は、実際の音や様子が繰り返されることを表します。例えば、「コロリ」は１回転がる感じがします。「コロリコロリ」は１回転がって、ちょっとしてまた転がる感じがします。それが２回のこともあれば３回以

上になることもあります。「コロコロ」と言えば、休みなく、連続して転がる感じがします。「鐘がカーンと鳴った」と言えば、1回ですし、「鐘がカンカン鳴った」と言えば、2回以上鳴ったことがわかります。

オノマトペって、いくつあるんですか？

それはわからないねえ。辞書に載っているのは2000ぐらいですが、例えば、漫画には「ひでぶー」みたいな、聞いたことがないオノマトペもけっこう自由に使われるからね。

2.6. 接続詞と接続助詞

「しかし、だが、そして」などを**接続詞**と言います。接続詞は文と文を接続します。

　　　　去年の冬は雪が多かった。しかし、今年は、雪がまったく降らない。
　　　　今朝は5時に起きた。そしてジョギングをした。

「が、けど、ば、ので、たら、て」などは文と文ではなく、節と節を接続するので、接続助詞と呼ばれます。しかし、日本語教育では、接続助詞として教えることはなく、文型として教えます。

　　　　去年の冬は雪が多かったが、今年は、雪がまったく降らない。
　　　　今朝は5時に起きて、ジョギングをした。

2.7. 助動詞

「だろう、よう、られる、させる、ない、た」などは**助動詞**ですが、日本語教育では、文型のなかで教えるので、「助動詞」として取り出して説明することはありません。

2.7.1.「のだ」

　「のだ」(話し言葉では「んだ」が普通) にはいろいろな意味があります。大きく分けると、聞き手 (読み手) に「説明」する用法と、話し手 (書き手) の「気づき」を表す用法があります。まず、説明の用法から見ていきます。「のだ」を英語に翻訳するのは難しいですが、説明の「のだ」に近い英語は 'I mean…'、説明を求める「のですか」に近いのは 'Do you mean…?' です。

説明

A ①理由の説明
　　(1)　(お土産を手渡しながら)「先週、北海道に行ったんです。」
　　(2)　「バス、来ませんね。きっと渋滞しているんでしょう。」
　　(3)　「このパソコン、軽いですね。」「それ、500グラムしかないんです。」
　　(4)　「人が多いですね。」「今日、お祭りがあるんです。」

(1) の「先週、北海道に行ったんです。」はお土産があることの理由を説明しています。(2) の「きっと渋滞しているんでしょう。」はバスが来ないことの理由を説明しています。(3) の「500グラムしかないんです。」はパソコンが軽い理由、(4) の「今日、お祭りがあるんです。」は人が多い理由を説明しています。説明の対象は、(1) のような状況や (2) のような話し手が言ったこと、(3)、(4) のように聞き手が言ったことなどです。

　聞き手に状況や前に言ったことについて、その理由をたずねるときには、質問文にします。

　　(5)　(スーツケースを持っている友達を見かけて)「旅行に行くんですか。」
　　(6)　(帰る準備を始めている人に)「あれ、今日はもう帰るんですか。」
　　(7)　「すみません。明日、休ませてもらえませんか。」
　　　　「ええ、いいですけど。どこか、具合でも悪いんですか。」

理由をたずねる質問文とその答えには、「のだ」が使われます。理由がわからない場合は、「どうして」「なぜ」を使って理由をたずねます。

　　　　(8)　「どうして、こんなに軽いんですか。」
　　　　　　「カーボンを使っているんです。」
　　　　(9)　「なぜ、日本に行くんですか。」
　　　　　　「日本語をもっと勉強したいんです。」
　　　　(10)　「どうして遅刻したんですか。」
　　　　　　「すみません。バスが遅れたんです。」

謝るときに、(10)の例のように、自分ではどうしようもないことを理由として説明するのはいいですが、(11)、(12)のように自分が悪いのに、それを「のだ」で理由にするのは言い訳のようになり、あまりいい感じがしません。言い訳にならないように、「のだ」を使わないで言った方がいいでしょう。

　　　　(11)　「すみません。△寝坊したんです／○寝坊してしまいました。」
　　　　(12)　「すみません。△バスに乗り遅れたんです／○バスに乗り遅れました」

「理由」の説明は、聞き手が知らないことを聞き手に説明するものです。聞き手も知っていることを「のだ」で説明する必要はありません。(13)ではパソコンが小さいことは聞き手もパソコンを見ているのでわかります。(14)では、今日が何曜日かは聞き手も知っているはずです。このような場合、「のだ」は使いません。学習者はこのような「のだ」の過剰使用をすることがありますので、注意しましょう。

　　　　(13)　(二人でパソコンを見ながら)「このパソコン、軽いですね。」
　　　　　　　×「それ、小さいんです。」
　　　　　　　○「それ、小さいですよね。」

(14)　「人が多いですね。」
　　　×「そうですね。今日は日曜日なんです。」
　　　○「そうですね。今日は日曜日ですから。」

　聞き手が知っていることを聞き手に説明する必要がないにもかかわらず、敢えて「のだ」を使って説明すると、間違いではないのですが特別な意味が加わる場合があります。次の例では「あなたも当然知っているでしょう。だから〜するべきだ。」というような相手を非難したり、叱ったりする意味が生まれます。

(15)　「泣いてはいけない。君は男なんだ。」
(16)　「言いたいことははっきり言ったらいい。あなたには口があるんだ。」

　次の例では、「あなたも知っているでしょう。だから大丈夫。」というような励ましの意味が加わります。

(17)　「心配することないよ。今日まで十分練習して来たんだ。」

A ②許可・指示
　聞き手がすることについて説明する必要はないはずです。なのに「のだ」を使って許可や指示の意味を表すことがあります。

(18)　「これ、使ってもいいんですよ。」（許可）
(19)　「この薬は食後に飲むんです。」（指示）
(20)　「暗いからね。気をつけて帰るんだよ。」（指示）

　指示よりもさらに強い、次のような命令になることもあります。

(21)　「さあ、嫌がらずに飲むんだ」
(22)　「ここから、出ていくんだ。」

A ③言い換え説明

　「言い換え説明」は前に言ったこと、書いたことを他の言葉で言い換えて説明してわかりやすくするものです。書き言葉でよく使われます。

　　　　(23)　「彼女にさよならと言われました。つまり、振られたんです。」
　　　　(24)　「昨日は12時に寝て3時に起きました。3時間しか寝てないんです。」
　　　　(25)　相手は負けを宣言した。私が勝ったのだ。

A ④前置き

　説明の部分を先に言って、そのあとに伝えたい大事なことを言います。説明を先に言うと、聞き手は何かについて説明していると思います。そして、その何かを聞く心の準備ができます。前置きは聞き手に相手に自分の話を聞いてもらう気持ちの準備をしてもらうために使います。準備ができてから、大事なことを言います。お願いしたり、誘ったり、謝ったり、質問をしたりするときにその前置きとして使われることが多いです。

　　　　(26)　「今度、日本に行くことになったんだ。」
　　　　　　　「ヘー、いいね。」
　　　　　　　「うん、すごく　楽しみ。」
　　　　(27)　「ちょっと寒気がするんです。すみませんが、今日は早退してもいいですか。」
　　　　(28)　「先生、お話ししたいことがあるんですが、来週、お時間いただけませんでしょうか。」
　　　　(29)　「これからみんなで飲みに行くんです。佐藤さんも一緒にどうですか。」
　　　　(30)　「この前借りた本のことなんですが。」
　　　　　　　「ええ。」
　　　　　　　「実は、その...」
　　　　　　　「はい？」
　　　　　　　「本を汚してしまいまして...」
　　　　(31)　「すみません、一つ、質問があるんですが。」

「はい、どうぞ。」

A ⑤説明要求

　疑問詞を使う質問文です。わかっていることに付け加えてさらに説明をしてほしいときに使います。次の例では、冒頭の1文があるので、「日本に行く」ことについては分かったはずです。その後の質問では、「日本に行く」ことに加えて、「いつ」「どこ」「何日」について説明をしてほしいので、質問しています。

　　　(32)　「今度、日本に行くことになったんです。」
　　　　　　「いいですね。いつ、行く<u>ん</u>ですか。」
　　　　　　「来月です。」
　　　　　　「そう？　日本では、どこに泊まる<u>ん</u>ですか。」
　　　　　　「東京のビジネスホテルです。」
　　　　　　「そうですか。何日ぐらい行く<u>ん</u>ですか。」
　　　　　　「1週間です。」

A ⑥確認要求

　疑問詞を使わない質問文です。話し手が思っていることが正しいかどうか確認するものです。

　　　(33a)　「もう帰ってもいい<u>ん</u>ですか。」
　　　(33b)　「もう帰っていいですか。」

　　　(34a)　「今週は、宿題、ない<u>ん</u>ですか。」
　　　(34b)　△「今週は、宿題、ないですか。」
　　　(34c)　「今週は、宿題、ありますか」

　　　(35a)　「こちらのお店、土日はお休みな<u>ん</u>ですか。」
　　　(35b)　「こちらのお店、土日はお休みですか。」

(33a) では、話し手は「帰ってもいい」と思っていますが、本当にそれが正しいかどうか確認しています。(33b) は帰っていいかどうか、わからないので、それをたずねています。(34a) は「宿題がない」と思っていて、それが正しいか確認しています。(34b) は不自然です。宿題があるか、ないかをたずねるなら、(34c) のように「ありますか」と言う方が自然です。(35a) は「休みだ」と思って確認する場合、(35b) は休みかどうか分からないときにたずねる言い方です。

わかっていることを敢えて質問すると、驚きや非難などの意味が加わることもあります。(36) では、驚きと残念だという気持ちが表れています。(37) では「テストがあって嫌だな。」というような感じがします。

  (36) 「じゃ、そろそろ失礼します。」
     「もう帰るんですか。」
  (37) 「みなさん、来週はテストですよ。」
     「えっ、テストがあるんですか。」

(38a) では、荷物が届いているかどうかをたずねているだけですが、(38b) では、荷物が届いていないと思っているけれども、それを確認してほしいという意味になります。聞き手に負担を強いることになるので、やや失礼な言い方に聞こえます。

  (38a) ＜寮で＞「すみません、私に荷物、届いていませんか。」
  (38b) ＜寮で＞「すみません、私に荷物、届いていないんですか。」

(39a) は、飲み物を勧める言い方で、(39b) では、飲み物を飲むことを確認しています。飲み物を勧める言い方ではなく、本当にそれを飲むつもりなのかを確認する意味になります。例えば、「おいしくなさそうなのに、本当に飲みますか」あるいは、「そんなに酔っているので、まだ飲むんですか」のような意味になります。

(パーティで、飲み物を勧めながら、)
(39a)「これ、召し上がりますか。」
(39b)「これ、召し上がるんですか。」

気づき

「気づき」は、相手に対する説明ではなく、話し手自身が何かに気づいたことを言います。英語だと 'You know.' が近いかもしれません。相手がいないので、丁寧形の「のです」はあまり使われません。「気づき」の表現は相手に向けられたものではないので、丁寧体を使う必要がないからです。

B ① 納得

「納得」は、話し手自身が何かに気づいて、「ああ、そうか。」と納得したことを言う用法です。

(40) (パソコンを持って)「あれ、こんなに軽いんだ。」
(41) (ビルの屋上から富士山が見えたとき)「へえ、東京からも富士山が見えるんだ。」
(42) 「そうか、こうすればいいんだ。」

(40) の代わりに「ああ、軽い。」と言うこともできます。その場合は、そのパソコンが「軽い」ということを言っているだけですが、(40) の「軽いんだ」はそのパソコンが「軽いことに気がついた」という意味です。(41) の代わりに「あ、富士山が見える。」と言うこともできます。その場合は、「富士山が見える」と言っているだけですが、「富士山が見えるんだ。」は「東京からも富士山が見えるという事実に気がついた」という意味です。(42) は何かのやり方について試していて、それがうまくできたことに気がついたことを表します。

何かの「理由」に気がついたということも表します。

(43) (スーツケースを持っている友達を見かけて)「どこか、旅行に行くんだ。」
(44) (鶏が鳴くのを聞いて)「ああ、もう、朝なんだ。」

(45) （金メダルを取って泣いている選手を見て）「すごく、うれしい<u>んですね</u>。よかった、よかった。」

(43)はスーツケースを持っている理由は旅行に行くから、(44)は鶏が鳴くのは朝だから、(45)選手が泣いているのはうれしいから、という理由に気づいたということを言っています。(45)では丁寧体の「～んですね」が使われています。「ね」が使われているのは、話し手が気づいたことについて、聞き手にも同感してもらいたいという意味が含まれているからです。「みなさんもそう思うでしょう？」という意味が込められています。

B ②思い出し

　過去形「のだった」で、忘れていたことに改めて気づくことを表します。どうして過去形が使われるかというと、「テストがある」こと、「歯医者に行くこと」がわかったり、決めたりしたのが過去だからです。

(46)　来週、テストがある<u>んだった</u>。
(47)　明日、歯医者に行く<u>んだった</u>。

B ③後悔

　過去形「のだった」は、実現しなかったことについて「～すればよかった」という後悔の気持ちも表します。

(48)　学生のときにもっと勉強しておくんだった。
(49)　もうこんなに人が並んでいる。もっと早く家を出るんだった。

「のだ」は話し言葉では「んだ」になるのが普通ですが、男女で使い分けられる「の」もあります。質問の「の？」は男女ともに使いますが、説明の「の」は主に女性が使います。独り言の「んだ」は男女ともに使いますが、「んだな」は主に男性が使い、「のね」は主に女性が使います。

	話し言葉	書き言葉
説明	んだ んです の（女性）	のだ のです
質問	の？ んですか。	のか のですか
気づき	んだ（な） んだな（男性） のね（女性）	のだ のです

2.8. 助詞

助詞には、**格助詞**、**接続助詞**、**終助詞**などがありますが、日本語教育では、このような呼び方で説明はしないで、文型の一部として導入します。

2.8.1. 「に」

「に」には基本的な3つの意味・用法があります。2.4.7. で説明した授受動詞の「受け手／与え手」、「着点」、「存在点」の三つです。この中で最も基本的なのは「着点」です。「着点」から他の意味・用法に拡張します。ここでは、まず「着点」と「存在点」について見ていきましょう。「着点」と「存在点」を簡単なイメージで描くと次のようになります。

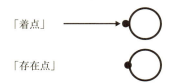

小さい黒丸は主語になる人や物などを表します。大きい白丸は主語の着点、存在点を表します。着点と存在点の違いは、着点には動きがあって、存在点には動きがないことです。着点の動きが背景化して存在点になったとも考えられます。(1) は「〜に」が着点を表す動詞「着く」の例、(2) は「〜に」が存在点を表す動詞「いる」の例です。

(1) 昨日、日本に着きました。
(2) 友だちが東京にいます。

「～に」が着点を表す動詞には以下のようなものがあります。

A①着点
　～に＋着く、到着する、入る、乗る、すわる、置く、掛ける

(3) ああ、やっと、日本に着いた。
(4) これ、そこに置いて。

基本的な意味である「着点」からいろいろな意味に拡張していきます。「存在点」がありますが、これについては後でみます。存在点以外では、次のような意味に拡張します。

A②方向
　～に＋面する、向かう、向く

(5) 海に面した家。
(6) モアイ像はすべて海に向いている。

A③変化（動きの方向）の結果
　～に＋変わる、減る、増える、なる

(7) 信号が赤に変わったので、もう渡ってはいけない。
(8) その小学校の児童数が40人になった。

A④働きかけ・関心の相手・対象
　～に＋会う、言う、聞く、質問する、答える、挨拶する

(9) この前、新宿で敦子に会ったよ。

（10）　これ、だれに聞いたらいいと思う？

A ⑤比較の対象
　～に＋近い、似ている、似合う、合う、向く

　　　（11）　そのホテルは駅に近いですか。
　　　（12）　私に合うのは何色でしょうかね。
　　　（13）　私は、今の仕事に向いていると思います。

A ⑥行く・来る目的（≒「ために」）
　～に＋行く、来る、帰る、戻る

　　　（14）　今度、海を見に行きませんか。
　　　（15）　よし、終わった。ビールでも飲みに行こうぜ。

次に「～に」が存在点を表す例を見てみましょう。

B ①存在点
　～に＋ある、いる、ない、存在する、勤める、住む

　　　（16）　財布の中にお金がない。
　　　（17）　娘さんは東京の会社に勤めていらっしゃるんですよね？
　　　（18）　もう10年近く東京に住んでいます。

「勤める」と似た意味の「働く」、そして「住む」と似た意味の「暮らす」の使い方には注意が必要です。それぞれの動詞が取る助詞が異なります。表にして示すと以下のようになります。

○	△
～に勤める	～で勤める
～で働く	～に働く
～に住む	～で住む
～で暮らす	～に暮らす

　一応、○は自然、△は不自然で分けましたが、不自然としたものの間でも程度差があるようです。「～に働く」はとても変ですが、「～に暮らす」は「～に働く」ほどは不自然ではないでしょう。このような微妙な違いを、コーパスを使って、使用頻度を調べることで知ることができます。以下のかっこ内の数字はNLB（p.81）での頻度です。

会社に勤める（173）	会社で勤める（3）
会社で働く（112）	会社に働く（8）

　「～で勤める」「～に働く」という使用例はごくわずかです。「会社に勤める」「会社で勤める」の合計は176で、そのうち「会社で勤める」の使用率は2%（=3/176）だけです。同様に計算すると「会社に働く」の使用率は7%に過ぎません。このように、使用率が低いことから、これらが不自然だと言っていいでしょう。

　次に、「住む」と「暮らす」でも調べてみましょう。

ここに住む（140）	ここで住む（3）
ここで暮らす（50）	ここに暮らす（11）

　「ここで住む」の使用率は2%、「ここに暮らす」の使用率は18%です。「～で住む」は変ですが「～に暮らす」はそれほど変ではないことが使用率からもわかります。

　「存在点」の意味から以下のような意味・用法への拡張があります。

B ②時

 (19)　昨日は11時に寝た。

 (20)　今日は昼過ぎに起きた。

B ③難易・要不要の対象（≒「にとって」）

〜に＋難しい、困難だ、優しい、簡単だ、甘い、厳しい、要る、必要だ、不要だ

 (21)　あの話、小学生にはちょっと難しかったかな？
 (22)　これから説明することは、君には簡単すぎて、つまらないと思うよ。
 (23)　このプラスチックは微生物で分解されるから、地球にやさしいんです。
 (24)　警察が、一般人には厳しいのに、身内に甘いと批判された。
 (25)　今の君には休養が必要だとは思わないかい？

B ④付け加え（≒「と」、「や」）

 (26)　白いごはんに漬物があれば十分です。
 (27)　美酒に、温泉に、美人。いいね、秋田は。

B ⑤原因（≒「で」、「のために」）

 (28)　うちの子も恋に悩む年頃になったんだなあ。
 (29)　金に目がくらんだんだろう。
 (30)　石につまずいた。
 (31)　酒と女に溺れて、身の破滅を招いた。

C 相手

授受の相手は「〜に」で表します。

(32) ルカがエリにプレゼントをあげた。
(33) エリがルカにプレゼントをもらった。

(32)では、受け手であるエリが、(33)では与え手であるルカが「〜に」で表されています。(与え手は「ルカから」のように「〜から」でも表すことができます。)受け手は着点と考えていいでしょうが、与え手は着点ではありません。着点と起点では方向がまったく逆です。着点の動きが背景化した存在点では、両者の間には意味の関係性が感じられますが、受け手と与え手の間にはそのような関係性はありません。あえて言うならどちらも「相手」を表すということでしょう。または、「相手」という意味のほかに、動詞が要求する項を表すとも考えられます。動詞が要求する項というのは、自動詞なら1つ、他動詞なら2つです。例えば、自動詞の「歩く」や「笑う」では、「〜が」で表されるその動作を行う項になります。他動詞の「食べる」や「見る」では、「〜が」で表される動作を行う人と「〜を」で表される、動作の対象が項になります。「あげる」や「もらう」の授受動詞では、「誰が」「何を」「誰に」の3つが項になります。以上のことから、項が1つの場合には項は「が」で表され、2つ目の項は「を」で表され、3つ目の項は「に」で表されることがわかります。これら「が」「を」「に」は文法的に決まっています。第1項の「〜が」は主語を表し、第2項の「〜を」は目的語を表します。さらに第2項の「〜を」を直接目的語、第3項の「〜に」を間接目的語と呼んで区別することもあります。これら「主語」「目的語」というのは文法的な役割です。このように項を表す「が」「を」「に」は文法的ですが、先に見た着点や「存在点」を表す「に」は意味的です。このように授受動詞の「に」は「相手」という意味的なものとも、第3項間接目的語のマーカーという文法的なものとも考えられます。文法的な「に」は、授受動詞の場合の他に「教える」「届ける」などの場合にも現れます。

文法的な場合を文法格、意味的な場合を意味格と呼んで区別することもあります。

(34) 先生が<u>学生に</u>日本語を教えます。
(35) 業者が<u>ホテルに</u>花を届けた。

　この他にも、文法的な「に」は受身、使役、可能表現にも現れます。詳しくは「5. ヴォイス（態）」を見てください。

2.8.2.「へ」

　「へ」は「方向」を表します。「へ」のイメージは次のようになります。

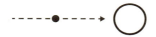

(1) 今<u>そっちへ</u>向かっているので、あと5分ぐらいで着きます。
(2) <u>西へ西へ</u>と船は進んだ。

　「へ」は方向を表すので、必ずしも着点に着くことを意味しなくてもいいのですが、方向の先には着点が含意されます。その含意から、着点の意味にも拡張しています。逆に、「に」が方向の意味で使われることもあります。ただし、「へ」は方向が基本で、「に」は着点と相性が良いという傾向は残っています。NLBで調べると、「到着する」「着く」には「に」が「へ」より何倍も使われやすいのですが、「向かう」の場合はその違いは小さくなって、2倍程度になります。

着点と方向の頻度

	〜へ	〜に
到着する	93	1413
着く	228	3679
向かう	3326	6824

　方向を表す名詞ごとにさらに細かく見ていくと、「北」「西」の場合には「〜に」と「〜へ」の頻度がほぼ同じで、「ほう」の場合は、「〜へ」が「〜に」より多くなっています。ただし、これは傾向に過ぎず、絶対的なものではありません。例えば、「方面」「方向」のような、典型的に「方向」を表す語でも、「〜に」が「〜へ」より多くなっています。

方向を表す名詞における頻度		
	〜に向かう	〜へ向かう
北	57	65
西	40	45
ほう	105	168
方面	78	63
方向	197	65

2.8.3.「で」

「で」の基本的な意味は境界性 boundary です。境界はイメージで描くと次のようになります。

①空間の境界＝動きの場所

「で」の中心的な意味は、動きの空間の境界です。つまり、動きが境界に区切られた場所で行われることを表すものです。例えば、(1) では、遊園地という場所で遊ぶということを表しています。

 (1) <u>遊園地で</u>遊びます。

これをイメージで描くと次のようになります。四角形が遊園地という場所の境界を表しています。遊園地の境界は必ずしも四角形ではありませんが、抽象的に表しています。「遊ぶ」という動きは四角形の中の曲がりくねった矢印で表しています。これも「遊ぶ」がこのような移動を伴う動きをするわけではないのですが、あくまでも抽象的に表しています。

(2) の文も「〜で」が動きの場所を表しています。

(2)　プールで泳ぐ。
(3)　図書館で勉強する。
(4)　東京で暮らしています。
(5)　部屋で寝ています。

「勉強する」や「寝る」場合には、実際の動きはあまりありません。しかし、文法的には動きを表す動詞として扱われます。

②時間の境界＝期間・限度

(6)　3日で仕上げてください。
(7)　2か月で卒業だ。
(8)　あと、10分ぐらいで着くと思います。

　空間を時間に拡張して、時間を一定の境界で切り取ったものが時間の境界、つまり期間や限度を表します。例えば、(6)は長く続く時間から、3日間を境界として、それを期間・限度にしたものです。

③数の境界＝単位

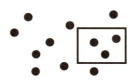

(9)　3個で100円です。とてもお求めやすくなっております。
(10)　3人で一部屋を使うと、一人7500円になる。

境界で囲った数をひとまとまりとして見るのが、単位です。

④方法・手段・材料

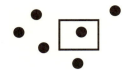

(11) ペンで書いてください。
(12) 実は、これ、紙でできているんです。
(13) 大声で笑った。

　いろんな方法、手段、材料から、境界内に入るものを選ぶということをイメージしてください。そのような方法・手段で、あるいは材料を使って、何かをするということを表します。

⑤原因・理由

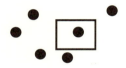

(14) 昨日は、風邪で休みました。
(15) おかげさまで、うまくいきました。

　考えられる理由づけがたくさんある中から、境界内に入るものを選んで、それを理由にするというイメージです。
　以上は意味的な用法です。このほかに、文法的な用法として、「だ」の連用形の「で」があります。

⑥「だ」の連用形
　　(16)　1時間目は数学だ。2時間目は国語だ。
　　　　→1時間目は数学で、2時間目は国語だ。
　　(17)　こっちはプードルです。そっちはチワワです。
　　　　→こっちはプードルで、そっちはチワワです。

2.8.4.「を」

「を」は基本的には文法的な役割である目的語を表します。

①〜を＋他動詞

　　(1)　服を買う。
　　(2)　彼女を愛しています。

使役の相手を表すこともあります。これも目的語です。「自動詞＋（さ）せる」の目的語です

②使役の相手
〜を＋自動詞（さ）せる。

　　(3)　子供を学校に行かせる。
　　(4)　子供を泣かせる。

以上の文法的な用法のほかに次のような意味的な用法もあります。

③出発点 Source
〜を＋出る、離れる、降りる、出発する、卒業する

　　(5)　学校を卒業する。
　　(6)　日本を離れる。

これらに使われる動詞は「〜を」と共起しますが、自動詞ですから、「〜を」は文法的な目的語を表していません。ですから、これは意味を表す意味格です。

④通過点・経路 Pass
〜を＋通る、経過する、渡る、歩く、進む、飛ぶ、泳ぐ

(7)　川を泳ぐ。
(8)　「{橋／端}を渡ってはいけません。」
　　　「それなら、真ん中を歩いて行こう。」

「川を泳ぐ」のほかに「川で泳ぐ」とも言えます。この二つでは何が違うのでしょうか。「を」は通過点、「で」は動きの場所を表しますので、イメージで描くと、次のようになります。

「川を泳ぐ」　　　　　　「川で泳ぐ」

「川を泳ぐ」は川の一方の岸から反対側の岸まで、泳いで渡ることです。「川で泳ぐ」は、たとえば子どもたちが、川で泳いで遊んでいるイメージです。川という空間の境界内で、行ったり来たりしているイメージです。
　「山を登った。」とも「山に登った。」とも言えます。「山を」は経路を表します。「山に」は着点を表します。「山を登った」では経路である山全体がイメージされ、「山に登った」では、着点である頂上がイメージされます。そのため、次のような違いが現れます。

(9)　富士山{を／△に}5合目から頂上まで8時間かけて登った。
(10)　筑波山{△を／に}登ったら、スカイツリーが見えた。

⑤時間の経過 Temporal Pass
(11)　4年間を埼玉で過ごした。
(12)　幼少期を外国で過ごした。

　時間の経過は、空間の通過点が時間に拡張したものです。これも、そして③「出発点」、④「通過点・経路」でも使われる動詞は自動詞ですから、「～を」は目的語を表していません。ですから、受身にもなりません。

(13) ×大学が学生に卒業された。
(14) ×レインボーブリッジが車に渡られた。

2.8.5.「と」

「と」の意味は二人の人や二つの物がつながるイメージで表すことができます。

①相互
〜と＋結婚する、見合いする、衝突する、戦う、話し合う、別れる
二人の人が互いに何かをすることを表します。

(1) あなたと別れたくない。あなたと結婚したいのです。

②連れ
「一緒に」という意味を表します。

(2) 君と映画を見にいけたらなぁ。
(3) あの人といつまでも幸せに暮らしたい。

③並列
「名詞＋と＋名詞」の形で使われます。andの意味です。

(4) 美女と野獣が主人公の映画を見ました。
(5) 原因と結果について考えます。

「と」は名詞と名詞をつなぎます。なお、イ形容詞、ナ形容詞、動詞の場合は「て」(または「で」)を使います。

(6) ×このかばんは軽いとじょうぶです。
(7) このかばんは軽くてじょうぶです。(イ形容詞＋て)

(8)　このかばんはじょうぶで軽いです。（な形容詞＋で＋）
(9)　このかばんを持って行きましょう。（動詞＋て＋）

④比較の基準
〜と＋同じだ、違う、異なる、似ている、一緒だ
比較するときの相手・基準を表します。

(10)　私も佐藤さんと同じ意見です。
(11)　あなたとは違うわ。
(12)　母国と異なる生活習慣に慣れないといけない。

⑤変化の結果
〜と＋なる、化す
変化を表す動詞と一緒に使われます。

(13)　すべて、水泡と化してしまった。
(14)　後は野となれ、山となれ。

変化動詞の「変わる、減る、増える」などは「〜と」を取りません。「〜に変わる」のように「〜に」を取ります。「〜と」は、「完全に変化してしまう」という意味があります。「〜となる、〜と化す」は完全に変化することを表しますが、「〜に変わる、〜に減る、〜に増える」などは、（短い時間で）部分変化や少しずつの変化を表します。変化の結果（＝着点）を「に」で表していると考えられます。なので「〜と」を取らないと言えます。

⑥引用
〜と＋言う、言われる、言うことだ、聞いた、伝わる
伝達を表す動詞と一緒に使われます。

(15)　「文法には体系が必要だ。」と言われる。
(16)　「あの先生はとても厳しい。」と聞きました。

話し言葉では、「〜と」の代わりに「って」が使われることが多いです。

(17)　よく、文法は難しいって言われるよね。
(18)　あの先生、超厳しいって。

「友達と会う。」と「友達に会う。」は両方とも使われます。このときの「と」は相互、「に」は着点を表します。
　「相互」を表す「と」と着点を表す「に」のイメージは次の通りです。

「と」　　　　　　　　　　「に」

「友達と会う。」では、友達と（省略されている）話し手のどちらも移動する感じがします。例えば茨城に住んでいる話し手と神奈川県に住んでいる友達が東京の渋谷に出かけて行って会うイメージです。「友達に会う。」では、友達が動かず、話し手が動く感じがします。友達の住んでいる町に話し手が行って、そこで会うというようなイメージです。さらに次の二つの文を比べると、「車と」の場合には、車が動いている感じがし、「車に」の場合には車が止まっている感じがします。

(19)　自転車で車とぶつかった。
(20)　自転車で車にぶつかった。

次の例のように、動くことがないものには「に」しか使えません。「と」を使うと不自然になります。

(21)　壁 {に／△と} ぶつかった。

2.8.6.　「まで」と「までに」

「まで」は動作・状態が続いている期間を表します。「までに」は物事が起き

る期限を表します。その期限またはその前に物事が起きるということです。

(1) 12時までこの本を読む。
(2) 12時までにこの本を読む。

(1) は12時までずっと本を読み続けることを意味します。(2) は12時あるいはその前に本を読み終わるということを意味します。

2.8.7. 格助詞の階層

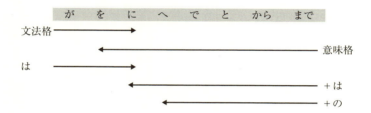

　この図は「が」「を」「に」には文法的や役割りを表す文法格の用法があり、「を」「に」以下には具体的な意味を表す意味格の用法があることを表しています。「が」には文法格の用法しかなく、「を」と「に」には、文法格と意味格の両方があります。

　「は」を使うときは、「がは」ではなく「は」になります。また、「をは」ではなく、「は」になります。「に」の場合は、「には」と「は」のどちらもあります。「へ」以下ではすべて「へは」のように、「は」がつきます。

　「への」「での」のように「＋の」となるのは、「へ」以下です。「がの」「をの」「にの」にはなりません。

2.8.8. 「は」と「が」

　「は」と「が」はすべての意味・用法を文法的に説明・理解するのではなく、おおまかな傾向をつかむことの方が大事です。「は」と「が」のどちらを使っ

てもいいことが多く、その微妙な違いにこだわらず、明らかな間違いをしないようにすれば十分です。「は」と「が」の意味・用法をまとめると次のようになります。左に行くほど「は」が使われやすく、右に行くほど「が」が使われやすくなります。

は ←——————————————————————————→ が

①基本的な使い分け（主語）

話し手 ＞ 聞き手 ＞ 家族 ＞ 他人 ＞ 動物 ＞ 物 ＞ 抽象 ＞ 自然

②情報

既知（旧情報） ＞ 未知（新情報） ＞ 質問・答えの焦点

③状態・動き

名詞・形容詞（状態）文の主語 ＞ 名詞・形容詞（状態）文の対象
恒常文（普遍的） ＞ 現象文（瞬間的）
否定文の主題

④全体と部分

全体 ＞ 部分

⑤節の中

〜けど節、〜が節、〜し節の中 ＞ その他の従属節と名詞節の中

⑥対比と選択

対比 ＞ 選択

⑥が他より優先されます！

①基本的な使い分け（主語）

（1）　私は昨日学校へ行きました。　　　　　　　　［話し手］

(2) あなたは、何年生ですか。　　　［聞き手］
(3) 私の妹は来年結婚します。　　　［家族］
(4) 田中さんは明日会社に来ます。　［他人］
(5) 猫が魚を食べました。　　　　　［動物］
(6) 手で押すと、簡単に窓が開きました。［物］
(7) 昨日地震があって、私の車が壊れました。［物］
(8) みなさんの愛がアフリカの子どもの命を救いました。［抽象］
(9) 昨日雪が降りました。　　　　　［自然］
(10) 昨日、地震がありました。　　　［自然］

②情報
(11) 部屋の奥に窓があった。その窓は簡単に開いた。［既知］
(12) その試合、日本が4対3で勝ちました。［未知］
(13) 昨日誰が来きましたか。　　　　［質問の焦点］

(13)は、たとえ対比の意味でも「昨日誰は来ましたか。」とは言えません。

(14) 田中さんが来ました。　　　　　［答えの焦点］

③状態・動き
(15) これは本です。　　　　　　　　［名詞文の主語］
(16) 東京は暖かいです。　　　　　　［形容詞文の主語］
(17) 私はコーヒーが飲みたいです。　［形容詞文の対象］
(18) 私はコーヒーが好きです。　　　［形容詞文の対象］
(19) ここから富士山が見えます。　　［状態文の対象］

「見える」は動詞ですが、動きを表していません。状態を表しています。

(20) 愛は地球を救う。　　　　　　　［恒常文］
(21) あ、飛行機が落ちてきた。　　　［現象文］または［物］
(22) あ、こんなところに眼鏡があった。［現象文］（［名詞文］より

優先）

(23) 昨日、地震がありましたが、私の車は壊れませんでした。

[否定文の主題]

恒常文は「いつもそうだ」と言える文です。真理を表すのも恒常文です。現象文は、何かの現象が一時的に起きることを表す文です。

④全体と部分

(24) 象は鼻が長い。　　　　　　　[全体]
(25) 象は鼻が長い。　　　　　　　[部分]

⑤節の中

(26) [妹は謝らなかったが]、僕は謝った。[〜が節の中] & [対比]

(27) では、「妹」は従属節の外にあります。「かたづけた」の主語は妹です。「皿を割った」の主語も「妹」の可能性が高いですが、省略されているのでわかりません。実は、「弟が皿を割ったので妹がかたづけた。」の意味なのかもしれません。なお、「妹が」ではなく「妹は」になっているのは、「妹」が家族だからです。

(27) 妹は[皿を割ったので]かたづけた。[家族]

「〜けど、〜が、〜し」以外の従属節と名詞節の中は、対比の意味でも「妹が」になり、「妹は」にはなりません。

(28) [妹が皿を割ったので]僕がかたづけた。[従属節の中]
(29) [妹が皿を割ったので]かたづけた。[従属節の中]
(30) [妹が割った皿]を僕がかたづけた。[名詞節の中]

他より優先！

⑥対比と選択

(31) 黒猫は魚を食べましたが、白猫は食べませんでした。[対比]([動

(32) 右側の窓は開いたが、左側の窓は開かなかった。[対比]([物]より優先)

(33) 昨日雨は降りましたが、雪は降りませんでした。[対比]([自然]より優先)

これは本ですが、あれはノートです。　　　[対比]または[名詞文の主語]

象は耳は大きいが、目は小さい。　　　　[対比]([部分]より優先)

(誰も行かないなら)私が行きます。　　　[選択]([話し手]より優先)

総務課の3人のうち田中さんが出張します。[選択]([他人]より優先)
たくさんの窓があったが、一番左の窓だけが開いた。[選択]または[物]
これが本です。　　　　　　　　　　　　[選択]([名詞文の主語]より優先)

2.8.9.「ね」と「よ」

「ね」は、話し手と聞き手の両方が知っていると、話し手が思ったとき、聞き手に同意を求めるときに使います。英語の'you know,'に似ています。

(1) 「今日はいい天気ですね。」

「よ」は、話し手だけが知っていて、聞き手が知らないと、話し手が思ったとき、聞き手に情報を教えるときに使います。英語の'You know what?'に似ています。

(2) ＜電話で＞「こちらは、いい天気ですよ。」

3. テンス（時制）

3.1. テンスの形と意味

	非過去	過去	否定・非過去	否定・過去
動詞 plain	辞書形	た	ない	なかった
動詞 （丁寧）	ます	ました	ません ないです	ませんでした なかったです
名詞・ ナ形容詞	だ	だった	で（は）ない じゃない	で（は）なかった じゃなかった
名詞・ ナ形容詞 （丁寧）	です	でした	で（は）あります せん じゃありません	で（は）ありませんで した じゃありませんでした
イ形容詞	い	かった	くない	くなかった
イ形容詞 （丁寧）	いです	かったです	くありません くないです	くありませんでした くなかったです

　テンスは、過去、現在、未来などを表します。日本語のテンスを表す形は二つです。**過去** past と **非過去** non-past です。過去を表すときは「た」が使われます。現在と未来を表すときには「た」がない形を使います。現在と未来を合わせて非過去と言います。

　動詞の過去形は「〜た」（食べた、食べました）、非過去形は、辞書形（食べる）またはマス形（食べます）です。「昨日ケーキを食べた。」は、発話の瞬間、つまり「今」よりも前に食べるという出来事が起きたということを表します。今よりも前なので過去です。「明日ケーキを食べる。」は、発話の瞬間、つまり「今」よりも後に食べるという出来事が起きること、つまり、未来のことを表します。また、「毎日ケーキを食べる。」のように習慣を表すこともあります。このときも非過去形を使います。次の文では、辞書形（いる）とマス形（聞こえます）が「現在」を現しています。

　　　(1)　　今、椅子の下に猫がいる。

(2) 今、風の音が聞こえます。

このように、辞書形、マス形が現在を表す動詞は、状態動詞と呼ばれます。辞書形、マス形は、未来、習慣、現在を表すので、まとめて非過去と言います。ところで、状態動詞でない動詞の場合、「現在」を表すには、「〜ている（〜ています）」の形にします。

(3) 今、ケーキを食べています。

「〜ている」はテンス（時制）ではなく、アスペクト（p.176）です。
　「〜た」には過去のほかに完了 perfect の意味もあります。

(4) 「先週、宿題を出しましたか。」
　　「はい、出しました。」／「いいえ、出しませんでした。」

(5) 「もう、宿題を出しましたか。」
　　「はい、出しました。」／「いいえ、まだ出していません。」

(4) が過去の用法で (5) が完了の用法です。過去は、「過去のあるときに〜したかどうか」の意味で、完了は「今までに〜したかどうか」の意味です。質問や肯定の形は過去でも完了でも変わりません。「〜た」を使います。しかし、否定の形は変わります。過去の場合は「〜なかった・〜ませんでした」となり、完了の場合は、「〜ていない・〜ていません」になります。

　名詞+だ、ナ形容詞、イ形容詞にもテンスがあります。過去形が過去を、非過去形が現在と未来を表します。

(6) 昨日は土曜日でした。
(7) 今日は日曜日です。
(8) 明日は月曜日です。
(9) 昨日は暑かったです。
(10) 今日は暑いです。

(11) 明日もきっと暑いです。

3.2. 従属節のテンス

前の節では単文（一つの文）について見てきましたが、今度は複文（二つの文が合わさって一つの文になったもの）について見てみます。

複文は**従属節** subordinate clause と**主節** main clause からなります。(1) では、「ゲームをしたあとで」が従属節、「勉強する」が主節です。文の後の方にくるのが主節で、文の前の方にあるのが従属節です。後の方のテンスが文全体のテンスを決めます。後の方が主（メイン）になるので、主節といいます。前の方は主節に従うという意味で従属節といいます。主節のテンスは単文のときと同じく、発話時（＝今）を基準にします。この例では「勉強する」なので、発話時（＝今）よりあとのこと、つまり非過去です。この場合は未来を表します。従属節の「ゲームをした」は過去形を使っています。過去形は基準時よりも前に出来事が起きることを表します。気を付けてほしいのは、過去形ですが、過去を表すわけではなく、基準時以前ということを表すということです。

(1) ゲームをしたあとで勉強する。

これらの関係を図示すると、次のようになります。↓は発話時、▼は基準時を表しています。基準時からみて、▽で表される従属節は、先に起きることが示されています。「勉強する」ときよりも先に「ゲーム」をするということです。「ゲーム」→「勉強」の順になります。「ゲームをした」となっていますが、ゲームは過去に行うのではなく、未来にすることになります。従属節の過去形は過去を表すのではなく、「勉強する」という主節の基準時よりも先の出来事であるということ表しているのです。

ところで、単文の時も、過去形は基準時よりも先を表しました。単文では基準は発話時（＝今）なので、基準時より先は過去になります。複文のとき、従属節は、主節の基準時より先ということを表しますので、この例文のように、「ゲームをした」であっても、それが起きるのは過去ではなく、未来です。未

来の「勉強する」ときよりも先ですが、勉強もゲームも未来の出来事です。次に過去形の例を見ましょう。

(2) ゲームをしたあとで勉強した。

文全体のテンスは「勉強した」なので、発話時（＝今）より前のこと、過去です。従属節の「ゲームをした」は(1)と同じく過去形です。過去形は主節の基準時よりも先に従属節の出来事が起きることを表すのでしたね。主節の「勉強した」ときを基準として、それよりも前に「ゲーム」をしたことを表します。「ゲーム」→「勉強」の順番になります。ただし、(1)と違って文全体が過去なので、ゲームも過去の出来事になります。次に「～まえに」の例を見てみましょう。

(3) ゲームをするまえに勉強する。

文全体は非過去形の「勉強する」なので、発話時（＝今）を基準にして、未来を表します。従属節の「ゲームをする」は非過去形なので、主節の基準時よりも後に従属節の出来事が起きることを表します。「勉強」という主節の基準時の後にゲームが来ます。「勉強」→「ゲーム」の順です。(4)は主節が過去形の例です。

(4) ゲームをするまえに勉強した。

文全体は過去形の「勉強した」なので、発話時（＝今）を基準にして、過去を表します。従属節の「ゲームをする」は非過去形なので、主節の「勉強」とい

う基準のときの後にゲームが来ます。「勉強」→「ゲーム」の順です。

「あとで」「まえに」は順番を表しますので、この順番に合っていないと間違った文になります。「ゲームをしたあとで勉強した。」では、従属節のテンスは「ゲーム」→「勉強」の順を示していますし、「あとで」も「ゲーム」→「勉強」の順を表していますので、正しい文ですが、「ゲームをするあとで勉強した。」は正しくない文です。「あとで」は「ゲーム」→「勉強」の順を表していますが、従属節の動詞は非過去なので「勉強」→「ゲーム」の順を表しており、矛盾してしまいます。

「とき」は、「まえに」や「あとで」と違って、それ自体は順番を表しませんので、次のような組み合わせで言うことができます。日本からハワイに旅行に行く（行った）という場面です。

(5) ハワイに行くとき水着を買う。
(6) ハワイに行ったとき水着を買う。
(7) ハワイに行くとき水着を買った。
(8) ハワイに行ったとき水着を買った。

従属節の動詞のテンスを見ると、「ハワイに行く」のと「水着を買う」順番はそれぞれ、次のようになります。「ハワイに行った」となっている (6) と (8) では、「水着を買う／買った」のはハワイです。ハワイに行くのが先、水着を買うのが後です。「ハワイ到着」→「水着購入」の順です。つまり、(6) ではハワイで水着を買うということを言っていて、(8) ではハワイで水着を買ったということを言っています。どちらも水着の購入先はハワイです。(5) と (7) では「ハワイに行く」前に、「水着を買う／買った」、つまり日本で水着を購入する／したことになります。「水着を購入」→「ハワイ到着」の順です。

以上が原則通りなのですが、実は (8) の場合は原則から外れた意味で解釈することもできます。原則では「ハワイ到着」→「水着を購入」の順なのですが、「水着を購入」→「ハワイ到着」の順で解釈することもできます。これは、本来は従属節の「ハワイに行った」は主節の「水着を買った」を基準として解釈すべきところなのですが、従属節の「ハワイに行った」を文全体の基準、つまり、発話時（＝今）を基準にして再解釈しているからなのです。それで、「ハ

ワイに行く」と「水着を買う」の順があいまいになってしまっているのです。(8) のように、従属節と主節がともに過去形になる場合に、従属節の中のテンスを主節を基準時として解釈する方法と、発話時（＝今）を基準時として解釈する方法の両方の可能性が生じます。主節のときを基準時として解釈する方法を**相対テンス**、発話時（＝今）を基準時として解釈する方法を**絶対テンス**と呼びます。ちなみに、主節はいつも絶対テンスです。

　従属節が相対テンスをとるのは「～まえに、～あとで、～とき（に）」に続く場合ほかに、名詞節に続く場合があります。

　　　(9)　　先生は学生にテストに出す問題を教えた。
　　　(10)　　これから質問をしますので、答えがわかった人は手を挙げてください。

(9) では主節の「教えた」ときを基準として「教える」→「テストに出す」の順になり、「出す」は非過去形ですが、過去の出来事です。(10) では「わかった」→「手を挙げる」の順になり、「わかった」は過去形ですが、過去の出来事ではなく、未来の出来事です。

　従属節でも原則として絶対テンスをとるものがあります。「～が」を伴う従属節は原則として絶対テンスです。

　　　(11)　　明日、大阪に行きますが、あさっては北海道に行きます。
　　　(12)　　先週、沖縄に行きましたが、あさっては北海道に行きます。

(11) の文で、もし、従属節を相対テンスとして解釈すると、従属節が非過去形ですから、主節のあとに従属節の出来事が起きることになりますので、「北海道」→「大阪」の順になります。しかし、「明日、あさって」という時間と矛盾してしまいます。正しい解釈は、従属節の非過去形「大阪に行きます」は発話のとき（＝今）を基準として未来を表すというものです。つまり、従属節も発話のとき（＝今）を基準とした絶対テンスです。なお、主節の「北海道に行きます」も未来を表します。従属節の出来事も主節の出来事も未来を表しています。どちらが先か後かという相対的な順番は表していません。(12) では、

「沖縄に行きました」は発話のとき（＝今）を基準として、過去を表します。「北海道に行きます」は発話のとき（＝今）を基準として、未来を表します。いずれも絶対テンスです。この場合、「沖縄」→「北海道」の順ですから、従属節の中を相対テンスとして解釈した場合と同じ順番になります。しかし、それでも（12）の従属節は相対テンスではなく、絶対テンスとして解釈しなければなりません。前に見た相対テンスの(6)「ハワイに行ったとき水着を買う。」では、主節は未来を表していて、従属節の過去形は「ハワイ到着」→「水着購入」であることを表しています。この場合、「ハワイに行ったとき」というように過去形を使っていますが、「ハワイ」に行くのは主節のテンスと同じく、未来の出来事です。これに対して（12）では「沖縄」に行ったのは発話のとき（＝今）を基準にした過去のことです。このように相対テンスの過去形は過去を表すのではなく、主節に対して相対的な時間の前後を表していますし、絶対テンスは発話のときを基準とした時間の前後を表しています。

　絶対テンスをとるのは逆接を表す「が」のほかに並列を表す「し」もあります。

（13）　明日は掃除もするし、洗濯もする。
（14）　昨日は勉強もしたし、運動もした。

(13)の「掃除もする」「洗濯もする」は発話のときを基準にして未来のことを表していて、どちらが先、どちらが後かはわかりません。(14)は発話のときを基準として「勉強」と「運動」を過去にしたということを表し、その順番はわかりません。

　原因・理由を表す「から」「ので」で表される従属節は相対テンスになったり絶対テンスになったりします。

（15）　明日は早く起きるので、朝ごはんも早く食べます。
（16）　次の日、早く起きるので、その晩は早く寝ました。

(15)の「起きる」は絶対テンスです。未来を表しますが、常識として「食べる」→「起きる」の順にはなりません。「起きる」→「食べる」の順です。(16)は

相対テンスです。「起きる」が非過去形ですので「寝る」→「起きる」の順になることを表しています。「起きる」は非過去形ですが、主節の過去と同じく、過去の出来事を表しています。

4. アスペクト

4.1. アスペクトによる動詞の分類

　アスペクトは、出来事のプロセスを表します。まだ続いているということや、出来事がもう終わったということなどを表します。

　動詞に「〜ている」をつけると、その意味から動詞を分類することができます。例えば「パンを食べている」は「食べる」動作が続いていることを表しますが、「窓が開いている」は「開いた」結果が残っていることを表します。それぞれの動詞で表される出来事を時間に沿って並べると次のようになります。

　　　　　パンを食べる→パンを食べている→パンを食べた
　　　　　窓が開く→窓が開いた→窓が開いている

「食べている」は「食べた」の前に生じるのですが、「開いている」は「開いた」の後に生じます。アスペクトの観点から4つの動詞に分けることができます。

① **継続動詞**：「〜ている」で動作が続いていること、つまり「進行」していることを表します。

　　　(1)　　リエは今、手紙を書いている。
　　　(2)　　ケンは今、本を読んでいます。

次の動詞が継続動詞の例です

　　　　　　遊ぶ、歩く、歌う、売る、おどる、思う、泳ぐ、買う、考える、書く、

聞く、信じる、心配する、食べる、流れる、泣く、願う、望む、飲む、走る、働く、話す、降る、待つ、見る、燃える、休む、読む、喜ぶ、笑う

② **結果動詞**（瞬間動詞）：「〜ている」で動作の「結果の状態」が続いていることを表します。

(3) 窓が開いている。
(4) お金が落ちていますよ。

結果動詞の例は以下の通りです。

開く、行く、起きる、落ちる、折れる、かぶる、乾く、消える、着る、来る、結婚する、故障する、壊れる、死ぬ、知る、閉まる、すわる、立つ、倒れる、付く、着く、取れる、並ぶ、寝る、乗る、残る、入る、外れる、履く、ふとる、曲がる、持つ、やせる

③ **状態動詞**：辞書形、マス形が現在を表します。「いる」「ある」「要る」は「〜ている」になりませんが、その他の状態動詞は「〜ている」の形になることもあります。

(5) お金がある。
(6) ×お金があっています。
(7) 富士山が見えます。
(8) 富士山が見えています。

状態動詞の例は以下の通りです。

ある、いる、要る、できる、きこえる、見える、言える、要する、かかる、値する、分かる、可能動詞（「食べられる」など）、〜すぎる（「暑すぎる」など）

④ **テイル動詞**（第四種の動詞：常に「＋ている」の形で使われます。「ている」をつけない形で使われることはありません。

 (9) 山がそびえている。
 (10) その子は親によく似ています。

 そびえている、似ている、曲がっている、（丸い形を）している、面している、優れている、劣っている、とがっている、凝っている、馬鹿げている、ありふれている

一つの動詞が異なる種類の動詞として使われることもあります。

 (11) 赤い服を着ています。
 (12) 着物を 30 分以上かけて着ています。
 (13) 力を加えたら棒が曲がった。
 (14) 道路が右に曲がっている。

「着る」は (11) の例では結果動詞ですが、(12) の例では継続動詞として使われています。「曲がる」は (13) の例では結果動詞ですが、(14) の例ではテイル動詞として使われています。「～ている」は上で見たように「進行」、「結果の状態」、「状態」の意味を表しますが、その他に、「経験」、「出来事の記録」、「繰り返し」も表します。「経験・記録」は次のような例です。継続動詞も結果動詞も使われます。「経験、記録」の用法では、「前に」のような語と一緒に使われることが多いです。

 (15) ケンは前にその本を読んでいる。（経験）
 (16) リエは前に一度その車に乗っている。（経験）
 (17) このあたりでは 10 年前にも地震が起きている。（記録）
 (18) 私のコンピュータは以前にもフリーズしている。（記録）

 「繰り返し」は一人で繰り返す場合とたくさんの人やことが次々に起こる場

合があります。継続動詞と結果動詞が使われます。「繰り返し」の用法では、「何度も」などが一緒に使われることが多いです。

- (19) リエは何度もその本を読んでいる。（一人が繰り返す）
- (20) ケンは毎日その車に乗っている。（一人が繰り返す）
- (21) 世界中で多くの地震が起きている。（多数の地震）
- (22) あちこちのコンピュータがフリーズしている。（多数のコンピュータ）

「〜ている」の意味をまとめると次のようになります。

① 動作の進行：継続動詞が使われます。
- (23) ケンは今、本を読んでいます。

② 結果の状態：結果動詞が使われます。
- (24) 窓が開いています。

③ 状態：テイル動詞が使われます。
- (25) 山がそびえています。
- (26) 道が曲がっています。

④ 経験・記録：継続動詞と結果動詞が使われます。
- (27) ケンは前にその本を読んでいます。（経験）
- (28) このあたりでは10年前にも地震が起きています。（記録）

⑤ 繰り返し：継続動詞と結果動詞が使われます。
- (29) リエは何度もその本を読んでいます。
- (30) 次から次へと参加者が到着しています。

4.2.「てある」と「ておく」

4.2.1.「てある」
　「他動詞＋てある」は誰かが目的をもって何かをした結果の状態や結果が何かの準備ができているということを表します。「Nが＋他動詞＋てある」の形と「Nを＋他動詞＋てある」の形があります。「Nが＋他動詞＋てある」は、結果の状態が見える場合に使います。

①結果の状態
　　　（1）　窓が開けてあります。
　　　（2）　冷蔵庫にビールが冷やしてあります。
　　　（3）　冷蔵庫にビールが冷やしてあるから、取ってきて。

（1）では開いた窓が、（2）では冷蔵庫のビールが見えるときに使います。（3）ではビールを取るために冷蔵庫を開けると、ビールが見えます。

②準備
　　　（4）　来週の出張のためにホテルを予約してあります。
　　　（5）　明日の予定を伝えてあります。

「Nを＋他動詞＋てある」の形を使います。目に見えないことについて言います。準備ができている、完了していることを表します。

4.2.2.「ておく」
　「Nを＋他動詞＋ておく」の形で使われます。「Nが＋他動詞＋ておく」の形では使われません。「自動詞＋ておく」の形もあります。他動詞も自動詞も意志動詞が使われます。

①準備
　　　（6）　来週出張なのでホテルを予約しておいてください。
　　　（7）　これ使ったら、元の場所に戻しておいてくださいね。

(8) 朝、先に起きたら、エアコンをつけておいて。

前もって準備することを表します。(6) は、来週のために準備することを表します。(7) 将来、使うときのために前もって戻しておくことを表します。(8) は朝、自分が起きるまえに他の人にエアコンをつけてもらうことをお願いしています。自分が起きる前に部屋を暖かくして、自分が起きたときに寒くないように前もって準備してほしいということです。

②放置
(9) 窓は閉めないで、そのまま開けておいてください。
(10) よく寝ていますね。このまま起こさないでおきましょう。
(11) 夜までエアコンをつけておいて。

「放置」は今の状態をそのまま変えないことを表します。例えば (11) では、今、エアコンがついていて、夜までずっとそのままエアコンを消さないでつけたままにしておくということを表しています。

(12) 窓を開けておきます。

(12)は準備を始めるという意味と放置の両方の意味がありえます。窓が閉まっているのを見て、「暑いので、(私が) 窓を開けておきますね。」と言う場合は準備、窓が開いているのを見て、「暑いので、(このまま) 窓を開けておきますね。」と言う場合には放置の意味になります。
「自動詞＋ておく」という形には以下のような例があります。

(13) 明日、試合があるから、今日はよく寝ておこう。(準備)
(14) まだ時間があるから、子どもたちをもう少し遊ばせておこう。
(放置)

4.2.3.「結果の状態」の意味の違い
「ている」と「てある」にはどちらも「結果の状態」を表す用法があり、意

味がよく似ていますが、次のような違いがあります。

  （15） 窓が開いています。「Nが＋自動詞＋ている」
  （16） 窓が開けてあります。「Nが＋他動詞＋てある」

(15)の「開く」は自動詞で無意志動詞です。誰かが開けたのかもしれませんし、風で自然に開いたのかもしれません。(15)は窓が開いているという状態について言っているだけです。(16)の「開ける」は他動詞で意志動詞です。窓が開いている状態であるという意味のほかに誰かが何か目的があって窓を開けたという意味を含んでいます。風で自然に窓が開いた場合は、(15)は言えますが、(16)は言えません。誰かがわざわざ窓を開けた場合は(16)が使えます。(15)も言えますが、(15)を使うと、誰かがわざわざしたというニュアンスはなくなります。

 なお、「てある」は自動詞で意志を表す動詞が使われることもありますが、他動詞が普通です。自動詞が使われることは多くありませんが、次のような例はあります。

  （17） 十分走り込んであるので、体力には自信がある。

「てある」と「ておく」にはどちらも「準備」を表す用法があり、この二つも意味がよく似ていますが、次のような違いがあります。

  （18） ホテルを予約してあります。
  （19） ホテルを予約しておきます。

(18)「～てある」は準備が整ったことを表し、その状態に関心があります。(19)「～ておく」は準備を整えること、その行為に関心があるときに使います。(18)は準備の結果としての今の状態に注目していていますから、(18)ではすでにホテルが予約されていることになります。それに対して、(19)はホテルを予約すること、つまり準備をする行為をこれからすることを表しています。まだ予約はされておらず、これから予約することを表します。

(20) ホテルを予約しておきました。

(20)のように「〜ておいた」になると、準備の動作が終わったことになりますから、(18)と同様に、すでに予約が終わっています。「〜てある」と「〜ておいた」の違いは微妙ですが、「〜てある」は結果の状態に関心があり、「〜ておいた」は行為に関心がありますので、以下のような違いがあります。

(21) △鍵を開けてあるんだけど、誰かがその後、鍵を閉めたみたいだ。
(22) ○僕は鍵を開けておいたんだけど、誰かがその後、鍵を閉めたみたいだ。

(21)「鍵を開けてある」は、今も鍵が開いていることを意味しますから、それをキャンセルすると変になります。一方、(22)の「僕が鍵を開けておいた」は、僕の行為です。その後、他の人が鍵を閉めることがあっても非文になりません。

また、行為を表す「ておく」は意志や命令に関係する表現と一緒に使えますが、状態を表す「てある」はそのような表現と一緒には使えません。

(23) 日本語を勉強しておこう。
(24) 日本語を勉強しておいてください。
(25) 日本語を勉強しておいた方がいいですよ。

(26) ×日本語が勉強してあろう。
(27) ×日本語が勉強してあってください。
(28) ×日本語が勉強してあった方がいいですよ。

5. ヴォイス（態）

5.1. ヴォイスの特徴

以下の文はそれぞれ、(1) **能動態**（のうどうたい）、(2) **受動態**（じゅどうたい）、(3) **使役態**（しえきたい）の例です。これらはヴォイス Voice（態）の違いを表しています。

(1) ナオミがケンにキスした。（能動態の文＝**能動文**）
(2) ケンがナオミにキスされた。（受動態の文＝受動文＝**受身文**（うけみ））
(3) アキがナオミにケンにキスさせた。（使役態の文＝**使役文**）

(1) から (3) はすべて「ナオミがケンにキスした。」という同じことについて言っていますが、異なる立場、視点から言い表しています。キスという動作をする人（動作主 Actor）はナオミで、(1) 〜 (3) で同じです。キスの動作を受ける人（被動作主 Undergoer, Patient）はケンで、(1) 〜 (3) で同じです。(1) と (2) と (3) では、キスという動作があったこと、キスしたのがナオミで、キスをした相手がケンであったことは同じですが、主語が違います。主語というのは文法的なもので、意味的な動作主（Actor）と必ずしも一致するものではありません。(1) の主語はナオミで、(2) の主語はケンで、(3) の主語はアキです。(1) では、主語と動作主は一致しますが、(2) と (3) では、主語と動作主が一致していません。(2) では、動作主はナオミですが主語はケンです。(3) では、動作主はナオミですが、主語はアキです。主語のアキはキスをさせる人（使役主）です。

ヴォイスの特徴は、三つあります。一つ目は、文法的な主語が変わることです。二つ目は、格（Case）が変わることです。格は日本語では助詞で表されます。主語は助詞「ガ」（または「は」）を取ります。例えば (1) の主語はナオミで「ナオミが」となっていて、(2) の主語はケンなので「ケンが」になっています。(1) で、主語でないケンは「ケンに」になっています。「ガ」ではなく、「ニ」が付いています。(2) では、主語でないナオミが「ナオミに」になっています。このように態が変わると、主語が変わるので、格も変わります。三つ目の特徴は動詞の形が変わることです。例えば能動文の「する」が受動文では

「される」、使役文では「させる」になります。

　以上のようにヴォイスは人や物などのどちら側から表現するかの違いを出すための仕掛けです。そのために主語を変え、格（助詞）を変え、動詞の形を変えます。

5.2. 受身（受動態）

　受動態の場合、グループⅠの動詞には -are-、グループⅡの動詞には -rare- が付きます。グループⅢは不規則 irregular です。

グループⅠ	書く kak-u	→ 書かれる kak-are-ru
	なぐる nagur-u	→ なぐられる nagur-are-ru
グループⅡ	食べる tabe-ru	→ 食べられる tabe-rare-ru
	見る mi-ru	→ 見られる mi-rare-ru
グループⅢ	くる	→ こられる
	する	→ される

　受身には、**直接受身**、**間接受身**、**持ち主の受身**の3種類があります。

5.2.1. 直接受身

（1）　マキがシンをなぐった。
（2）　シンがマキになぐられた。

（1）は能動文、（2）は受身文です。能動文（1）の「マキが」が受身文（2）では、「マキに」になり、能動文の「シンを」が受身文では「シンが」になって、主語と目的語が交代しています。このように受身文の構成要素が能動文の構成要素と対応しているとき、直接受身と呼びます。能動文から直接作られた受身という意味です。

　能動文の「〜に」が受け身文の主語になる場合もあります。

（3）　サクラがサスケに抱きついた。
（4）　サスケがサクラに抱きつかれた。

「〜が〜に〜を贈る」のような3つの構成要素からなる3項動詞の場合には、(6)のように能動文(5)の「〜に」を「〜が」に替える場合と(7)のように「〜を」を「〜が」に替える場合の2種類の受動文を作ることができます。

(5) ヤマトがヒナタにプレゼントを贈った。
(6) ヒナタがヤマト {から／に} プレゼントを贈られた。
(7) プレゼントがヤマト {から／×に} ヒナタに贈られた。

　(5)の能動文の主語は(6)や(7)の受動文では主語でなくなりますが、そのとき「〜から」または「〜に」に変わります。例えば、能動文(5)の主語「ヤマトが」は、(6)では「ヤマトから」または「ヤマトに」になります。一方、(7)では「ヤマトから」にはなりますが「ヤマトに」にはなりません。これは、「〜に」を二つ使ってしまうと、「ヤマトに」と「ヒナタに」のどちらが動作主で、どちらが受け手なのかよくわからなくなってしまうからです。
　能動文の主語は受動文で「〜で」に変わることもあります。(8)の「委員会」や(9)の「台風」のように場所や原因の意味を持つ名詞の場合です。

(8) 委員会で新しい会長が決められた。
(9) 台風で町が壊された。

　能動文の主語が受動文で「〜によって」に変わる場合もあります。動詞が創造することを表す動詞 creation verb の場合です。例えば、「作る、造る、書く、編集する、描く、建てる、設計する、発明する、発見する、(穴を)掘る、直す、(橋を)かける、決める、増やす」などです。

(10a) ハナが手紙を書いた。
(10b) 手紙がハナによって書かれた。
(10c) ×手紙がハナに書かれた。

(11a) ミナトがその城を造った。
(11b) その城はミナトによって造られた。

(11c) ×この城はミナトに造られた。

(12a) シロが抜け穴を掘った。
(12b) 抜け穴がシロによって掘られた。
(12c) ×抜け穴がシロに掘られた。

　これらの「作る」ことを表す動詞の受動文で「～に」を使うと、それが、着点や場所などの意味と紛らわしくなってしまうために、「～によって」を使うのだと考えられます。特に、「ミナトに」や「シロに」のように人の名前かどうかわかりづらい名詞に「に」を使った場合にはそれが場所として誤解される可能性が高くなってしまいます。
　ここまでは、能動文を受動文に変えたとき、その主語、つまり動作主が「～に」「～から」「～によって」などで表される例を見てきましたが、動作主が表されない場合もあります。それは、動作主が不明な場合、動作主に関心がない場合、動作主が文脈から分かるのでわざわざ示す必要がない場合などです。

(13)　この武器は200年前に発明された。
(14)　ミズキはこの里で育てられた。

(13)は動作主、つまり武器を発明した人が誰かわからない場合です。、(14)は、動作主、つまり育てた人には関心がない場合や、育てた親が誰であるかはわかり切っているのでわざわざ言わなくてもいい場合です。

5.2.2　間接受身

　日本語には間接受身という、少し変わった受動文があります。世界的に見ても、間接受身が使われる言語はあまりありません。
　(15a) は間接受身文（＝間接受動文）の例ですが、これに対応する能動文はありません。(15b) のような文は言えません。(15c) の文は言えますが、この文には、(15a) にある「田中さん」が含まれていません。

(15a) 田中さんは子どもに泣かれた。

(15b) ×子どもが田中さんを泣いた。
(15c) 子どもが泣いた。

このように、間接受身文では能動文にない要素が一つ増えます。(15a)では、(15c)に比べて、「田中さん」という要素が増えていると考えられます。なお、「泣く」は自動詞です。このように間接受身文は自動詞からも作ることができます。

(16a) 私は佐藤さんに論文を発表された。
(16b) 佐藤さんが（他の人より先に）論文を発表した。
(16c) ×佐藤さんが私に論文を発表した。

(16a)も間接受身文の例ですが、「発表する」は他動詞です。(16a)に対応しそうな(16c)は正しくない文になっていまいます。(16a)の間接受身文に対応する能動文は(16b)ですが、この2文を比べると、(16a)には(16b)にはない要素「私」が増えていることが分かります。

間接受身は迷惑の受身とも言われ、必ず、迷惑・不利益の意味を伴います。間接受身文の主語は、迷惑を感じることができる人（または動物）に限られ、物が主語になることはありません。

5.2.3. 持ち主の受身

所有格「の」を含む能動文が受動文になったものを持ち主の受身と呼びます。持ち主の受身は直接受身の一種です。対応する能動態の所有格「の」は(17a)のような所有物、(18a)のような体の一部、(19a)のような人の関係を表す場合などがあります。

(17a) 先生が田中さんの論文をほめた。
(17b) 田中さんが先生に論文をほめられた。
(18a) 隣の人が私の足を踏んだ。
(18b) 私は隣の人に足を踏まれた。
(19a) 先生が私の子どもを呼び出した。

(19b) 私は先生に子どもを呼び出された。

5.2.2. で触れたようにように、間接受身には必ず迷惑のような悪い意味がありますが、直接受身では次の例のように、良い・悪いに関係がないニュートラルな意味や、良い意味でも使われます。

(20) その話は村人によって語りつがれた。
(21) リンは師匠にほめられた。

持ち主の受身も直接受身の一種なので、(22) のように悪い意味にも、(23) のように良い意味にも、(24) のようにニュートラルな意味にもなります。

(22) 佐藤さんは先生によくない態度を注意された。
(23) 佐藤さんは先生に発表をほめられた。
(24) 佐藤さんは先生に名前を呼ばれた。

5.2.4. 受身と視点

受動文の主語になるのは、人や動物が多いですが、物が主語になる場合もあります。

(25) 空が雲におおわれた。
(26) あたりはすっかり夜の闇に包まれた。
(27) 柿の実は秋の夕日に照らされて、赤く輝いている。

上の例のように、受動文の主語が人・動物ではない場合は、「～に」も人・動物ではないのが原則です。これに対して、受動文の主語が人・動物以外で、「～に」が人・動物になると変な文になります。

(28) ×10本のビールがジェイに飲まれた。
(29) ×会議はデリーで大統領に開かれた。

物よりも人の方の視点から物事について述べるのが原則なのですが、(28) と (29) はその原則に反して、人よりも物事に視点を置いてしまっているので変になるのです。視点は、話し手（1人称）に最も置きやすく、視点の置きやすさの階層は以下の順番になります（久野1978）。

　　　　話し手＞聞き手＞人＞動物＞物

ですから、文の主語には、視点を置きやすい「人」がくるのが普通です。人の中でも「私」の視点が最も自然になります。(30b) の受動文では、文の中に「私」があるのに、話し手ではない、他の人に視点を置いているので (30a) よりも不自然になります。

　　(30a)　私は近所の子どもを叱った。
　　(30b)　△近所の子どもが私に叱られた。

(31a) の能動文では、「私の足」よりも視点を置きやすい「私」が主語になっているので自然です。この能動文に対して、持ち主の受身 (31b) と「私の足」を主語にした直接受身文 (31c) を作ることが可能です。しかし、(31c) は (31b) に比べて不自然になります。それは「私の足」は話し手である「私」よりも視点が置きにくいのにもかかわらず、「私の足」を主語にしているからです。

　　(31a)　隣の人が私の足を踏んだ。
　　(31b)　私は隣の人に足を踏まれた。
　　(31c)　△私の足が隣の人に踏まれた。

「人」ではなく「物」を主語にすることで、視点の階層に反している (32b) も不自然な文になります。ただし、(32c) のように人を不特定多数にすると自然になります。さらに (32d) のように動作主を消しても自然になります。「物」を主語にした受身文は「非情の受身」とも呼ばれ、この例のように不特定多数が動作主になったり、動作主体が表されない場合が多いです。

(32a)　田中さんがコーヒーを飲んだ。
(32b)　△コーヒーが田中さんに飲まれた。
(32c)　コーヒーは世界中でたくさんの人に飲まれている。
(32d)　コーヒーは世界中で飲まれている。

　(32c)、(32d) の文はある人がコーヒーを飲んだという動作をどちらの側から描くかということではなく、主語の「コーヒー」が持っている特徴を表しているのです。このような主語にくる物の特徴を表している文では、視点の階層にかかわらず自然になると考えられます。
　次のような有名な人が作ったり、発見したりした場合も、物が主語になることがあります。このタイプの文では動作主は「に」ではなく、「によって」で示されます。この場合も、普通の人ではなく、有名な人によって作られたということがその物の特徴になっていると考えられます。

(33)　源氏物語は紫式部によって書かれた。
(34)　タージマハルはシャー・ジャハーンによって建てられた。
(35)　X線は1895年にレントゲンによって発見された。

　受身を文章の中で使う機能の一つとして「視点を統一する」ことが挙げられます。英語や中国語では、文の構造は「誰が何をした。」というように動作主を主語にする方が自然です。日本語でも先に視点の階層で見たように、話し手や人を主語にして、そこに視点を置く方が自然になることが多いのですが、視点の階層に反していても、視点が統一されるなら、それが自然な文になることもあります。(36b) では視点の階層が「私」より低い「子ども」になっていますが、「子どもが叱られた」と「子どもが泣いた」の両方で「子ども」に視点が統一されていますので、自然な文になっています。一方、(36a) では、「私が子どもをしかる」と「子どもが泣いた」で視点の変化を主語を変えて表さなくてはならないので、くどい感じがします。

(36a)　△私が子供を叱って、子どもが泣いた。
(36b)　子どもは私に叱られて泣いた。

5.3. 使役態

使役態 causative はグループⅠの動詞には -aser-、グループⅡの動詞には -sase- を付けて作ります。グループⅢは不規則です。

グループⅠ	書く kak-u	→ 書かせる kak-aser-u
	読む yom-u	→ 読ませる yom-aser-u
グループⅡ	見る mi-ru	→ 見させる mi-sase-ru
	食べる tabe-ru	→ 食べさせる tabe-sase-ru
グループⅢ	くる	→ こさせる
	する	→ させる

使役文の典型的な意味は強制ですが、そのほかに、許可、働きかけ、放任、そして失敗を避けることができなかった責任を表す用法などがあります。(37b) は強制の意味、(38b) は許可の例で、子どもがケーキを食べたいと言ったときに、それを許すという意味です。(39b) は放任の例で、子どもが好きなことをすることに対して、それを邪魔しないという意味です。(40b) は働きかけを表します。(41b) は、母親が子どもに怪我をするように仕向けたわけではないが、子どもが怪我をする事態を避けられなかったことに対して母親が責任を感じていることを表します。(42b) は放置してしまったことによって野菜が腐ったことに対して責任を感じていることを表しています。

(37a) 子どもが人参を食べた。
(37b) 母親は（嫌がる）子ども {に／×を} 人参を食べさせた。

(38a) 子どもがケーキを食べた。
(38b) 母親は子ども {に／×を}（大好きな）ケーキを食べさせた。

(39a) 子どもが遊んだ。
(39b) 母親は子ども {に／を}（好きなだけ）遊ばせておいた。

(40a) 子どもが笑った。

(40b) 母親は子ども {を／×に} 笑わせた。

(41a) 子どもが怪我をした。
(41b) 母親は（不注意で）子ども {に／×を} 怪我をさせてしまった。

(42a) 野菜が腐った。
(42b) 私は（冷蔵庫に入れるのを忘れて）野菜 {×に／を} 腐らせてしまった。

　他動詞の使役文（37b）、（38b）では「子どもを人参を食べさせた」のような「を」の重複は、日本語では許されないので、もとの動作主は「〜に」で表します。自動詞の使役文（39b）では、もとの動作主は「〜に」または「〜を」で表しますが、「〜に」が使えるのは、もとの動作主に意志がある場合だけです。そのため、（39b）では、「子ども」に意志があるので、「〜に」が使えますが、（40b）の「笑う」も自動詞ですが、動作主である「子ども」が自分の意志ですることではなく、自然に生じることですから、「〜に」は使えません。同様に、（41b）の「子どもがけがをする」、（42b）の「野菜が腐る」にも意志はないので、「〜に」は使えません。「〜に」も「〜を」も使える（39b）のような場合、「〜に」を使えば、子どもの意志を尊重した許可の意味に、「〜を」を使えば、動作主の意志を認めない強制の意味になります。

　これまでに見た、対応する能動文に外から使役主が追加されるタイプに対して、対応する能動文の中にある名詞句が使役主になるタイプがあり、（43b）、（44b）のような例があります。このタイプの使役文は、感情を引き起こす要因を表します。感情に関する動詞が使われ、能動文の動詞が取るニ格が使役文の主語になります。

(43a) 彼はその知らせに驚いた。
(43b) その知らせは彼を驚かせた。

(44a) 聴衆は彼の演説に感動した。
(44b) 彼の演説は聴衆を感動させた。

最後に、使役と受身を一緒にした使役受身の例を挙げておきます。

(45)　子どもが母親にきらいな野菜を食べさせられた。

tabe-sase-rare-ta では、-sase- が使役を、-rare- が受身を表しています。

6．モダリティ

　文は、内容・情報を表す「**命題**」と話し手の判断・考えなどを表す「**モダリティ**」からなります。例えば、「明日雨が降るでしょう。」という文のうち、「明日雨が降る」が命題で「でしょう」がモダリティです。「ここに来てください。」という文では、「ここに来」が命題で、「てください」がモダリティです。では、「明日雨が降る。」という文ではどうでしょうか。「明日雨が降る」が命題です。では、モダリティはないのでしょうか。実はどんな文でも必ず命題の部分とモダリティの部分があると考えられています。「明日雨が降る。」という文では、形はありませんが、話し手が断定という判断をしています。「でしょう」や「かもしれない」や「〜か」などを付けないこと、つまり何も付けないことこそが「断定」というモダリティを表しているのです。モダリティは、日本語教育では以下のように文型の形で教えます。

学校へ行ってみる。	試行
学校へ行って下さい。	依頼
学校へ行きなさい。	命令
学校へ行こう。	意志
学校へ行きましょう。	誘いかけ
学校へ行くでしょう。	推量
学校へ行ったことがある。	経験
学校へ行った方がいい。	忠告
学校へ行きたい。	希望

学校へ行ってほしい。	願望
学校へ行ってもいい。	許可
学校へ行かなければならない。	義務
学校へ行ってはいけない。	禁止
学校へ行かなくてもいい。	不必要
学校へ行ける。	可能
学校へ行くことにする。	決心
学校へ行くことになる。	状態の推移
学校へ行くそうだ。	伝聞
学校へ行きそうだ。	様態

確認問題

1. ｛　｝から、適当な助詞を選びなさい。
   そして、どうして適当なのかを答えなさい。

   ① A「あのレストラン ｛に／で｝ はだれもいませんね。」
     B「うん、あの店 ｛に／で｝ はだれも食べないよ。あそこにはお化けが ｛いる／ある｝ っていううわさだよ。」

   ② ホテル ｛に／で｝ 王様の写真が飾ってあります。
     ホテル ｛に／で｝ 王様の写真展があります。

   ③ 東京の学校 ｛を／から｝ 出ました。
     大阪の学校 ｛を／から｝ 卒業しました。

   ④ 猫が箱 ｛を／から｝ 出ました。
     ボールが箱 ｛を／から｝ 出ました。

2. （　）に適当な助詞を入れなさい。
   ①車が自転車（　）ぶつかった。
   ②車が壁（　）ぶつかった。
   ③太郎が花子（　）プロポーズした。
   ④太郎が花子（　）結婚した。
   ⑤太郎が花子（　）けんかした。
   ⑥太郎が花子（　）別れた。
   ⑦町で偶然、先生（　）会った。

考えよう

1. 「うちを出る」と「うちから出る」にはどんな意味の違いがありますか。

2. WEBで検索して、「ら抜き言葉」を使う人（年代）といつ頃から使われだしたかについて調べてください。

3. 世界の言語のなかで、一番多い語順のタイプは何ですか。

4. あかい、あおい、くろい、しろい　は基本的なイ形容詞です。茶色い、黄色いは「〜いろ」に「い」がついたイ形容詞です。他に色を表すイ形容詞にはどんなものがありますか。

5. 「下手なジョークを言ったら、みんなしーんとなった。」とは、どんな状態ですか。

6. 受身は初級レベルでは使われない、という研究があります。そこで、初級では教えても無駄だから教えない方がいい、という意見についてどう思いますか。

7. こどものときに母語として習得する場合も大人になってから外国語として学習する場合でも、進行（たとえば「雨が降っている。」）が先、結果（たとえば「お金が落ちている」）が後に使えるようになると言われています。これはアスペクト仮説と呼ばれますが、どうしてこのような順番になると思いますか。また、アスペクト仮説の反例はないでしょうか。

8. 「から」「ので」の違いは何ですか。

参考

もっと詳しく知りたい人は、以下のサイトも見てみましょう。

✓ 『日本語を楽しもう』（国立国語研究所）
https://pj.ninjal.ac.jp/archives/Onomatope/index.html
このサイトにはオノマトペの解説や例がたくさんあります。

✓ The World Atlas of Language Structures（WALS）
http://wals.info/
このサイトには、世界中の言語の地図があります。たとえば、語順については、画面の上の方にある Chapters タブを押して、81 Order of Subject, Object and Verb を選んでください。すると説明があります。そこで Go to map というボタンを押してみてください。世界のどこにどの語順のタイプの言語があるのかを視覚的に表示してくれます。

✓ 基本動詞ハンドブック（国立国語研究所）
http://verbhandbook.ninjal.ac.jp/
「来る」「出す」「走る」のような初級で教えるような基本動詞は多義語の傾向があります。しかし、初級では多義語の中の最も基本的な意味しか教えず、そして中・上級になっても、基本動詞は初級で教えたからという理由で、改めて多義語の拡張された意味を教えることは少ないです。例えば初級のテ形の練習で「走ります、走っています、走りました。」のようにやりますが、「痛みが走る」「亀裂が走る」「世界に衝撃が走る」などは基本的な意味から拡張した意味ですが、これらを取り上げて意味の説明をしたり、文型練習をしたりすることはまずないでしょう。（多義語というよりも同音異義語のように感じられる「電話をかける」「壁に絵をかける」「椅子にかける」などは、別々の意味として取り上げて教えられることもあります。）基本動詞ハンドブックでは、このような多義語のそれぞれの意味について、文型、コロケーションの情報や文法的な制約などもとても詳しく説明されています。また、たく

さんの例文もあります。

✓ 多言語母語の日本語学習者横断コーパス（I-JAS)』（国立国語研究所）
https://chunagon.ninjal.ac.jp/static/ijas/about.html
世界の色々なところの日本語学習者の会話と作文のコーパスで、検索機能がありますので、学習者がどんなところで間違いやすいかなどを調べることができます。

第4章
言語と社会

1. 共通語・標準語

「**共通語**」は日本のどこでも通じる日本語です。国や誰かが決めるわけではなく、新しい言葉でも、全国どこでも使われるようになれば共通語の一部になります。例えば、言葉の乱れと言われている「ら抜き言葉」なども、それを使う人が多くなれば、共通語の一部になります。

これに対して「**標準語**」というのは、国の機関などが決めたいわゆる「正しい」日本語のことです。しかし、実は日本ではどこかの機関が「標準語」を決めるということをしていません。ですから、厳密に言えば、日本語には標準語がありません。それでも「標準語」という言葉はよく耳にします。例えば、テレビ（特にNHK）のニュースでアナウンサーが話す日本語や、教科書に書かれている日本語を標準語ということがよくあります。定義の上では日本には標準語はないのですが、テレビや教科書で使われる日本語が「正しい」日本語だと考え、それを標準語と呼ぶ人が多いのです。NHKには放送用語委員会というものがあり、そこで、放送で使う言葉を決めています。特に発音・アクセントについては委員会で決めて、『NHK日本語発音アクセント辞典』に載せています。

東京ことば＝標準語でしょうか？

いや、そんなことはないよ。武士たちが使っていた言葉を受け継いだ東京の山の手の言葉が全国に広まって、共通語になったんだ。その共通語を基本として標準語ができてきた。共通語・標準語にならなかった東京の言葉もたくさんあるよ。落語には生粋の東京の下町の人が出てくるけど、その人たちは、べらんめえ調で話してる。「てやんでぇ。コーシー、ひちほんって、言ってみやがれってんだ。」（どうでもいいけどね。コーヒー、七本（しちほん）と言ってみろよ。）

不思議なことに、日本では「日本」をどう発音するかも決まっていません。NHKでは、正式な国の名前としては「ニッポン」と発音することにしていますが、2009年に「日本」の読み方について、国会で質問されたことがあり、「ニッポン」でも「ニホン」でもいいと総理大臣は答えています。このようにNHK

のアナウンサーが話す日本語は国が決めた標準語ではありませんが、それが正しい標準語と思われているのです。ちなみに、お札には「日本銀行」と書いてあります。そして、その読み方はローマ字で「NIPPON GINKO」と書いてあります。スポーツの応援のときには、「にっぽん、にっぽん」と言いますね。「にほん、にほん」よりも「にっぽん、にっぽん」の方が力強く感じられます。これは、/p/ が破裂音ですから、息を溜めて、一気に吐き出すときに、力を込めて声を出すことができるからです。「日本橋」は東京と大阪にありますが、東京では「にほんばし」、大阪では「にっぽんばし」です。日本の2大航空会社は JAL と ANA ですが、JAL の日本語名は「日本航空（にほんこうくう）」ですし、ANA の英語名は All Nippon Airways です。会社名や地名のような固有名詞はその読み方が決まっていますが、普通名詞の「日本語」「日本文化」「日本社会」「日本食」「日本国民」などはすべて「にほん」と読んでおけば間違いありません。NHK では「にっぽん」と読むとしている国名の「日本」も、「日本に行きます。」のような場合、「にほん」と言う人が多いでしょう。

　国は日本語全体について標準となるものを決めてはいませんが、日本語の表記と敬語については「目安・よりどころ」を示しています。まず、書き方については「常用漢字表」、「現代仮名遣い」、「送り仮名の付け方」、「外来語の表記」「ローマ字のつづり方」があります。

見てみよう！
「内閣告示・内閣訓令」

「目安・よりどころ」ですので、これ以外の書き方は許されないということではありませんが、新聞、放送、教科書、公の文書などではこれに従ってほしいということです。実質的にはこれが日本語の書き方の決まりになっています。敬語については「敬語の指針」があります。これも指針（ガイドライン）ですから、これ以外は認められないというものではありませんが、やはりこれが正しい敬語と考えられています。

これも読んでみよう！
「敬語の指針」

2. 方言

　各地域で使われるその地域特有の言語を**方言**と言います。人の移動が多くなり、メディアが発達し、また学校教育が共通語で行われるため、今では方言が随分少なくなりましたが、まだ、各地域に残っています。昔は、方言を話すことは恥ずかしいことだという考え方があって、学校で方言を使うと厳しく叱られたこともありましたが、今では、方言の良さが認識されつつあります。今後は、なくなりつつある方言をどのようにして守っていくかが課題になるでしょう。

3. 日本語はいくつある？

　方言は別々の言語ではなく、あくまでも日本語のバリエーションと考えられています。一方、例えばスペイン語とポルトガル語は異なる言語であると考えられていますが、その差は、例えば日本語の東北方言と関西方言よりも小さいものです。何をもってある言語を他の言語と区別するのかは難しいのですが、多くの場合、行政上の区画に従って言語を分けます。スペイン語とポルトガル語はそれぞれ異なった国で話されているので、異なった言語だとみなします。ただし、ポルトガルで話されるポルトガル語とブラジルで話されるポルトガル語は国が違っても同じポルトガル語と呼ばれます。このように言語の数え方は曖昧なところが多いのです。日本語の方言はすべて日本で話される方言と見なします。なお、日本にはアイヌ語という、明らかに日本語とは異なる言語もありましたが、アイヌ語を母語とする人はいなくなってしまいました。

4. 公用語と国語

公用語は法律などで決められた言語 Official language です。日本語は法律で公用語と決めているわけではないので、日本に公用語はないということになります。日本語のことを国語 national language と呼ぶことがあります。国語は法律などできめたものではありませんが、その国で一般的に使われている言語のことです。

5. 位相

言語の使用者の属する社会（性別・世代・職業・地域など）の違いによって生じる言語のいろいろな面（言語変種）を**位相**といいます。例えば、女性語、若者言葉や、仲間内だけで通じる**隠語**などです。方言は地域の違いによる位相です。専門家が集まる学会では専門用語が多くて、専門外の人には何を言っているのかわからないこともあります。このような専門語も位相の一つです。日本語教育関係者が使う「ゼロ初級」「文型積み上げ」などもその例です。

日本語では、女性語が多いことが一つの特色になっています。

	女性語	男性語
終助詞	「わ」「のよ」など	「ぜ」「ぞ」など
人称代名詞	「あなた」「あたし」など	「おまえ」「ぼく」「おれ」など
感嘆詞	「あら」「まあ」など	「おお」など
美化語	女性の方が多用する傾向がある	

「**美化語**」とは、敬語の一つで、丁寧に上品に表現するためにつける「お」や「ご」のことを指します。「**お茶碗**」や「**ご飯**」などです。近ごろは、この性差による言語の位相差が減少する傾向にあります。しかし、社会がその位相差を要求する傾向があり、学生時代に位相差を全く無視していた女性でも、社会に出た途端に女性語を使い始めることもあります。また、「～わ」などは実

は今ではほとんど実際に使われることはありません。それでもマンガなどで、品があるお嬢様や貴婦人のような感じを出すために使われることがあります。このように、人のイメージと結びついた言葉を**役割語**と言います。

　役割語とは、それを聞くと、その話し手、使い手がどんな人がわかるような言葉遣いですが、実際にはないバーチャルな話し方のことを言います。ドラマなどで、ある役割を演じるときに、それらしく聞こえるような言葉遣いで、その人のキャラクターが際立つように、誇張したり、実際には使われないのに、それらしく聞こえる語が使われます。「役割語」について説明した『ヴァーチャル日本語 役割語の謎』（金水敏 2003）という本では、次のように書いています。

> 「そうじゃ，わしが博士じゃ」としゃべる博士や「ごめん遊ばせ，よろしくってよ」と言うお嬢様に，会ったことがあるだろうか．現実には存在しなくても，いかにもそれらしく感じてしまう日本語，これを役割語と名づけよう．誰がいつ作ったのか，なぜみんなが知っているのか．そもそも一体何のために，こんな言葉づかいがあるのだろう？

　近頃は、マンガやアニメで日本語を勉強している学習者も増えています。すると、いかにもマンガの中の登場人物のような、少し変わった話し方をする人もいます。
　以下のサイトでは、役割語についての解説のビデオを見ることができます。

見てみよう！
「『役割語』について学ぼう」

　ティーチャートーク teacher talk も位相の一つと考えられます。ティーチャートークは語学教師が教室で学習者のレベルに合わせて、表現や文法を簡単にするなどして、話し方を調整するものです。
　近年は、教師ではなく、一般の日本人が外国人に対して簡単な表現や文法を使う「**やさしい日本語**」という考え方があります。例えば、「危険」という漢語ではなく「あぶない」という和語を使う、「ご覧いただけます」という敬語よりも「見ることができます」のように敬語ではない、です・ます体を使うこ

とで、外国人にはわかりやすくなります。

6. 社会言語能力・社会文化能力

　ネウストプニー (1995) は円滑な社会生活のためには「**言語能力**」、「**社会言語能力**」、「**社会文化能力**」が必要だとしました。「**言語能力**」は、語彙や文法などの能力。例えば、「～に～をあげる」という文型を使える能力のことです。「**社会言語能力**」は、それを適切に表現する能力のことです。例えば声の調子や敬語などを調整して、「これを差し上げます。」などという適切な表現にでき、適切な場面で適切な相手に対して使える能力のことです。また、目上の人に向かって直接「差し上げます」と言うのは不自然になるということも知っている必要があります。「あげる」は敬語の「差し上げる」にしても、押しつけがましい感じが伴います。物をあげるのは上の者から下の者に対しての行為という感じがしてしまいます。「これ、もしよろしかったら。」や「これ、お土産なんですが。」というようにして「差し上げます」と言うことを避ける方が適切です。これも社会言語能力の例です。さらに、お土産や手土産の慣習について理解し、適切な行動が取れるというのは「**社会文化能力**」にあたります。どういう場合に手土産を持っていけばいいのか、あるいは持って行かない方がいいのか、どのくらいの値段のものが適当なのかなどは絶対的な正解はないのですが、不適切でない範囲で行動できる一般常識が求められます。従来の言語教育では、言語能力に重点が置かれてきましたが、実は社会文化能力が備わっていないと、他人との円滑なインターアクションができず、社会の一員としての生活に支障が生じるので、この部分の教育も重要です。

　語彙・文法レベルの意味と、どのような場面で、誰に対して使うのかという語用論ルール（社会言語能力）を無視すると、テストでは点数がとれても現実社会でのコミュニケーションができない、あるいは人間関係をぎこちなくしてしまいます。相づちの打ち方などの会話のルールを習得することも重要ですし、何らかの理由でコミュニケーションがうまくいかないとき、言い換えたり、ジェスチャーで示したりする**コミュニケーション・ストラテジー**を身につけること

も必要です。また、特に日本語では、交渉の場でのホンネとタテマエの使い分けなどの知識も必要となります。

例1：Bさんは言外の意味が読み取れない
　　　A「暑いですね。」
　　　　≪コミュニケーション上の意味：窓を開けて下さい≫
　　　B「はい、そうですね。」
　　　A「窓を開けてもいいですかね。」
　　　　≪窓のそばにいるんだから早く開けてくれ≫
　　　B「ええ、結構です。」

例2：Bさんの相づちがない
　　　A「昨日ね、」
　　　B「…」
　　　A「デパートに行ってね。」
　　　B「…」
　　　A「そこでね、」
　　　B「…」
　　　A「ねえ、聞いてるの？」

例3：Bさんの相づちが多すぎる
　　　A「私は去年の12月に、」
　　　B「ええ。」
　　　A「アメリカのユタ州から、」
　　　B「ハイ。」
　　　A「私の家族と一緒に」
　　　B「ハイ」
　　　A「日本に来ました。」
　　　B「ああ、そうですか。」
　　　A「私の家族は、」
　　　B「ええ。」

　　　　A「父と母と、」
　　　　B「ハイ。」
　　　　A「妹が一人と、」
　　　　B「ええ。」
　　　　A「すみません。」
　　　　B「はい、なんでしょうか。」
　　　　A「少し黙っててくれませんか。」
　　　　B「？？」

例4：Bさんは「です」「ます」は丁寧の形だと教えられた
　　　A（先生）「いつも奥さんの写真を持っているんですか。」
　　　B（生徒）「はい、私の妻の写真を見たいですか？」

例5：Bさんの発話には前置きがない
　　　＜Bさんは、電車の中で、時間を隣の人にたずねたい。
　　　　だいたい8時ごろだが、8時15分には授業が始まってしまう＞
　　　B「今は8時15分ですか。」
　　　A　≪なんだよいきなり。わかっているんなら聞くな≫

例6：ホンネとタテマエの違い
　　　＜ビジネスマンのAとB＞
　　　B「‥‥では、大変でしょうが、やっていただけるんですね。」
　　　A「うーん、まあ、一応考えておきましょう。」
　　　A　≪そんなの無理にきまってるじゃないか≫
　　　B　≪やっと商談が成立するぞ≫

「ホンネ」と「タテマエ」って、どうやって教えたらいいでしょうか。

場面を設定して教えるのがいいと思うなあ。マンガみたいにして、言っている言葉（建前）と、心の言葉（本音）を並べたらわかりやすいと思います。ただし、その使い分けは強制しないで、学習者にまかせるべきだね。人それぞれだから。私自身も使い分けることは少ない方だと思うよ。

7. 非言語コミュニケーション

　人間のコミュニケーションの半分以上は、**非言語**（言語外）によります。70%以上の情報が言葉以外の非言語によって伝わるという研究もあります。**非言語コミュニケーション**の例には以下のようなものがあります。
　まず、体の動き、つまり**ジェスチャー**です。視線をずらすことで「尊敬、謙譲」を表すこともあります。意識的に行うこともあれば、無意識的に行うこともあります。伝わる情報が多いので、**ボディーランゲージ**（body language）と呼ばれることもあります。また、人の表情はものすごく豊かです。表情だけで何を言いたいのかわかることも多いでしょう。
　視覚に訴える服装や化粧、嗅覚に訴える香水なども強力な情報伝達手段です。服装や化粧を変えるだけで人の性格や言葉遣いまで変わってしまうこともあります。態度や立ち居振る舞いも変わるでしょう。どこにいるかによっても変わります。例えば、職場にいるときとうちにいるときでは、完全に役割が変わりますから、非言語コミュニケーションの方法も変わります。
　パーソナルスペースと呼ばれる距離感も非言語コミュニケーションの一種と考えられます。自分のテリトリー（領域）に近い方が親しさを表しますが、話し手と聞き手の距離感は、言語や文化によって相当差があります。一般に日本

人はアメリカ人や中国人よりも距離が遠く、その距離を縮められると、居心地が悪く感じることがあります。そのため、近すぎると感じると少し後ろに下がったり、少しのけぞって、相手との距離を取ろうとしたりすることがあります。

　話の「間(ま)」の取り方にも気を付けたいものです。大事なことを言う前にあえて、沈黙を作ることがあります。それによって聞き手の期待を高めることができます。また、何か頼まれたときに、間を取ると、それだけであまり乗り気ではないというネガティブな意味を伝えることができます。男性がプロポーズしたとき、女性が黙っていると男性はとても不安になるでしょうね。わざと間をとって、男性を不安にさせておいて、じらしてから承諾することで、地獄から天国へを味あわせるという高級なテクニックもあるらしいです。

　話しているときのあいづち（言葉を使わない、うなづきなども含む）の方法も言語・文化によって相当異なります。日本語の相づちは頻繁に起きますが、同意ではなく、「ちゃんとあなたの話を聞いていますよ。(Yes か No かは別にして。)」という意味でのコミュニケーションです。一方、英語の場合は相づちの頻度は低いですが、同意を表すことが多いです。

確認問題

1. 『ヴァーチャル日本語 役割語の謎』（金水敏 2003）に、次のようなテストがあります。以下のセリフは誰が言ったものでしょうか。下の選択肢の中から選びなさい。

   a. そうよ、あたしが知ってるわ。
   b. そうじゃ、わしが知っておる。
   c. そや、わてが知ってるでえ。
   d. そうじゃ、拙者が存じておる。
   e. そうですわよ、わたくしが存じておりますわ。
   f. そうあるよ、私が知ってるあるよ。
   g. そうだよ、ぼくが知ってるのさ。
   h. んだ、おら知ってるだ。

   選択肢：武士・（ニセ）中国人・博士（老人）・
   　　　　女の子・田舎者・男の子・お嬢様・関西人

考えよう

1. 京都の鴨川では、カップルが等間隔で座る現象が観察されています。「鴨川の法則」と呼ばれています。自然にこうなってしまうのですが、これには人のテリトリーの感覚が関係しています。どのようにして等間隔になるのか、考えてみてください。

写真提供：宇宙エンタメ前哨基（https://blog.goo.ne.jp/to_entertain）

第5章
教育法

1. コースデザイン

1．1．ニーズ分析・学習目標・環境

　学習の主体は学習者自身です。どのような授業をどのように行うかを考えるのが、**コースデザイン** course design ですが、まず、学習者の学習目的を知るところから始めます。学習者がどんなことを学びたいのか、ニーズを調べて、分析します。これを**ニーズ分析** needs analysis と言います。ニーズ分析には学習に使うことのできる資源（時間、費用など）も含みます。ニーズ分析から始まるコースデザインは以下のような流れになります。

①学習目的の調査
　学習目的は、ビジネス、生活日本語、技術研修、留学、日本研究など多種多様です。また、時代によっても変化します。

②学習目標の決定
　ニーズ分析と学習者の**レディネス** readiness を考えて決めます。言語学習にどれだけ準備ができているかということです。例えば、過去に外国語を学習した経験のある人は、日本語学習にもその経験を生かすことができるはずです。動機、やる気などもレディネスに含まれます。レディネスの高低によって、授業の進度や教材、教授法も変える必要があります。

③学習環境の整備
　学習の場所、部屋の大きさを考え、クラスの人数などを決めます。施設、教具がどれだけ整っているかも考慮されます。1クラスの人数は、少数である方が発話の機会が多く、また、教師の指導が行き届くのでいいのですが、必ずしもプライベート・レッスンがベストなわけでははありません。ペアワーク、グループ活動などで学習者同士が得るものも多くあります。

④カリキュラムの編成
　教授法の選定、教材の選定、教師の選定、時間割の決定などを行います。

⑤授業計画、教案作成

　授業計画を**シラバス**と呼ぶこともあります。この場合のシラバスには授業の目的、スケジュール、評価方法などを書きます。これは学習者のためのものです。これに対して毎時間の内容を書く**教案**は教師のためのものです。教案を丁寧に詳しく考えることを教案を練るといいます。特に教育経験が浅いうちは、これが必要ですし、有益です。しかし、実際の授業では緻密に計画された教案にとらわれ過ぎるのはよくありません。学習は現場で起きるダイナミックなものです。特に学習者を中心に据える最近の教育観に従うなら、そのときどきの学習者の反応を踏まえて、柔軟に教育内容・方法を変えて行く姿勢を持ち合わせるべきです。

⑥評価

　授業後の評価（学習者によるものと教師によるものの両方）を踏まえて、授業計画の修正、コースの修正などを含む新たなコースデザインにつなげていきます。

　コースデザインは、**PDCA サイクル**で行うべきと言われます。コースデザインをする「Plan」、コースデザインに基づく授業の実行「Do」、授業後の評価「Check」、必要に応じて改善を行う「Act」の4プロセスの頭文字をとって「PDCA サイクル」と呼ばれます。

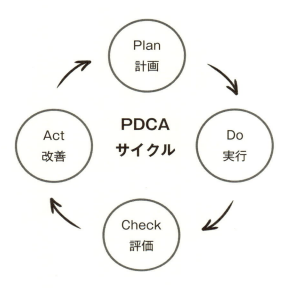

　これは、日本語教育は終わりのない、不断の改善のサイクルという捉え方です。この不断の改善を明確に目的としたものに**アクション・リサーチ**があります。アクション・リサーチでは、教師が改善策を立て、授業で実施し、授業を振り返り、改善の検証を行います。授業の改善とともに、教師自身の成長も目的としています。

１．２．シラバスと教授法

　シラバスは、学習項目を順番に並べたものです。何を軸とするかによって、文法シラバス、場面シラバス、話題シラバス、概念シラバス、機能シラバス、技能シラバス、課題シラバス、などがあります。

①**文法シラバス（文型シラバス・構造シラバス）**

　学習項目として文法・文型を設定します。教室では、繰り返し練習する**パターン・プラクティス**が行われます。パターン・プラクティスには、文の空欄に適切な語や表現を入れる代入練習、文の一部を変える変換練習、途中まで示された文を完成させる展開練習、質問と答えのペアで練習する問答練習などがあります。これらは、**オーディオ・リンガル・アプローチ**

(メソッド)と呼ばれる教授法で使われます。この方法は、コミュニケーション能力が付かないということで根強い批判がありますが、これまでもっとも多く使われてきたのは文法シラバスで、これに基づく教授法を「文法積み上げ式」または「文型積み上げ式」と呼ぶこともあります。文法シラバスによる教科書で扱われる文法・文型は戦前からほとんど変わっていません。(詳しくは、岩田一成 2015『日本語教育初級文法シラバスの起源を追う「日本語初級教材はなぜこんなに重いのか?」』を読んでみてください。)しかし、文法項目のほとんどが初級に詰め込まれてしまっていることや、学習者にとって真に必要な項目でないものがあり過ぎるという批判のもと、新たな文法シラバスを作成する試みもあります。例えば庵功雄・山内博之編(2015)『データに基づく文法シラバス』では、日本語学の研究に基づいた文法項目、学習者が話すデータに基づいた文法項目、コーパスに基づいた文法項目などが提案されています。

②場面シラバス

「空港」「駅」「病院」「ホテル」などの場面を設定して、そこで使われる表現を学習する方法です。それぞれの場面で使われそうな語彙、表現を中心に、学習項目を考えます。旅行者や生活日本語を必要としている学習者などに向いています。必ずしも文字の学習を必要としませんので、ローマ字で書かれた教材を使うこともあります。

③話題シラバス

「J-POP」「アイドル」「日本の教育制度」やニュースなどの話題を決めて、それに関する語彙や表現を学習し、内容を調べたり、それについて発表したり、ディスカッションしたりする活動をします。

④概念シラバス

「頻度」「時間」「動作」などの概念ごとに学習する方法です。例えば、「頻度」には、「いつも」「ときどき」「たまに」「めったに〜ない」「全然〜ない」などの表現がありますので、こういう表現をまとめて学習します。

⑤機能シラバス

「感謝」「謝罪」「依頼」「勧誘」「断り」「許可求め」などのコミュニケーションの機能ごとに、その表現方法について学習します。同じ機能でも、日本語能力のレベルに従って、表現の複雑さを調整することもあります。概念シラバスとセットで扱われることが多いです。文法シラバスに対して、自然で適切なコミュニケーションができるようになることを目指して開発されました。そして、その教授法は**コミュニカティブ・アプローチ**として、一時期、語学教育では最もポピュラーなものとなりました。

⑥技能シラバス

「聞く」「話す」「読む」「書く」の四技能に分けて、それぞれを学習します。四技能をさらに細かく分けて学習することもあります。

⑦タスクシラバス

タスクを決めて、それを遂行することができるようになることを目指します。**Can-do**項目に基づくシラバスもタスクシラバスです。Can-do項目には、「あいさつができる」「レストランに電話して予約ができる」という比較的単純なタスクだけでなく「アパートを探して、契約することができる」「パワーポイントを使って効果的にプレゼンテーションができる」のような複雑で時間がかかるタスクもあります。複雑で時間がかかるタスクの場合は、タスクをスモールステップに分けて、それを積み重ねていくことになります。このような積み上げ型のタスクは TBLT (Task-based Language Teaching) という方法で使われます。

どのシラバスを採用するかは、どうやって決めたらいいですか？

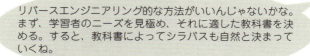

リバースエンジニアリング的な方法がいいんじゃないかな。まず、学習者のニーズを見極め、それに適した教科書を決める。すると、教科書によってシラバスも自然と決まっていくね。

1．3．新しい教育方法

近頃、**アクティブ・ラーニング**や**反転授業**というようなキーワードを耳にすることが多くなりました。アクティブ・ラーニングについては筆者の考え方について、エピローグで詳しく書いていますので、そちらを参照してください。反転授業というのは、これまで授業の中で行われていた導入・説明の部分をビデオにしてインターネット上でオンデマンドでいつでも見られるようにしておく方法です。学習者は事前にそれを見て予習してきますので、教室では、その次のステップである、ペアワーク、ディスカッションなどを行います。知識を得ることは予習で済ませ、その知識を使った活動を教室で行って、「わかる」から「考える」「できる」へと授業内容を深めていくことを目指します。この方法は**行動中心アプローチ**とも呼ばれます。

次の図は、行動中心アプローチと文型シラバスの「行動」と「文型」の関係を分かりやすく示したものです。

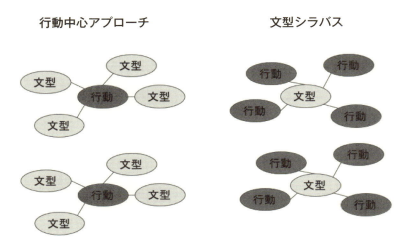

村上吉文「むらログ日本語教師の仕事術」
http://mongolia.seesaa.net/article/457955833.html

行動中心アプローチでは、まず、学習目標として「行動」を決めます。そして、その行動ができるようになるために必要な文型を学習します。一方、文型シラバスでは、まず、学習目標として「文型」を決めます。そして、その文型を使ってできる「行動」を学習します。

2. 教材

2．1．教材・教具

　教材や教具にはいろいろな種類があります。以前から使われている物もあれば、最近急に使われ出したもの、特にITの発達に伴う、機器やアプリなども教材・教具に含まれます。

①レアリア（生教材）

　実物のことです。例えば、チケット、メニュー、YouTube動画などがあります。レアリアはオーセンティックauthentic（真正性がある、現実的）なので、リアリティがあって学習者の興味をひきます。かつて、海外では日本語学習に使うレアリアは収集が困難でしたが、現在では、インターネットを通じてたいていのものは手に入ります。例えば、本当のメニューでなくても、ネットにあるメニューを印刷して使えば、レアリアと変わりなく使えます。

②フラッシュカード

　絵カードとも呼ばれます。イラストだけでなく、写真もあります（写真パネルと呼ばれます）。携帯に便利ですし、組合せや提示順が自由です。また、学習者自身に使わせることもできます。既成のものもありますが、イラストや絵はどうしてもすぐ古くなってしまい、現状に合わない場合もあります。そういう場合には、インターネットで素材をダウンロードし、カードにすることで最新の情報にすることができます。

③パワーポイントなどのスライド

　データがデジタルで加工も簡単ですので、よく使われます。ただし、フラッシュカードのような表示の自由さはありません。

④音声

　かつてはテープレコーダーがよく使われていました。巻き戻しなどが容易にできてよかったのですが、その後、CDにとって代わり、現在ではパソコンの

音声プレーヤー、スマホのアプリなどで音声を流すことが多くなりました。ただし、音声だけですと、場面がわかりにくい場合もあります。一方で、画像がない方が音に集中できるというメリットもあります。

⑤動画

　DVDをモニターで再生したり、インターネット上の動画をパソコンやスマホで再生する方法などがあります。場面、状況がわかりやすいですし、文化情報やノンバーバルなコミュニケーションについての情報も得られます。かつては大変だった自主制作も、最近ではスマホで簡単に録画・編集することが可能になりました。

⑥LL（language laboratory）からeラーニング／アプリへ

　LL教室は、かつてはオーディオ・リンガル・アプローチにもとづいたパターン・プラクティスを行うために使われていました。繰り返し練習ができる、教師の代わりにテープを使って自習ができるなどのメリットがありましたが、設備が高価、設備維持にもコストがかかる、そしてミュニカティブな学習ができないなどの理由により、次第に使われなくなってきました。これに変わるものとして、近年、eラーニングやスマホのアプリなどが大量に提供されるようになりました。

　ITの技術革新はますます速く、大掛かりなものになってきています。教師にはコンピューターリテラシー（コンピューターに関する知識・技術）、マルチメディアリテラシー（マルチメディアに関する知識・技術）等の継続的な自己啓発が求められます。しかし、すべての技術をフォローするのは現実的ではありません。若い学習者の方が知識・技術・情報において教師よりも優れていることの方が多いかもしれませんので、学習者同士にアプリの紹介をさせることも大変有益です。さらに、教師も学習者から学ぶことが多いでしょう。

2．2．教材分析

　教材を選定する場合には、教材分析をして、最適なものを選ぶようにします。その際には「カリキュラム」、「シラバス」、「教授法」、「教室活動」を考慮しながら「ニーズ」、「レディネス」などを効率よく満たすもの選びます。

2．3．教材開発

　教材分析をしても、結局、求めるような教材が見つからないこともあります。そのような場合には、教師自らが教材を作成することが理想的ですが、現実的には、時間的にも予算的にも難しいことがあります。そのような場合には、主教材は既成のものを採用しながらも、それを補う形で副教材の作成をしたりすることになります。

　例えばインターネット上の情報はコンテンツとして使えます。コンテンツとは内容のことです。最近は、デジタル化が進み、コンピューター上での編集が行いやすくなったため、作成の負担も大分軽減され、教材の開発も個人レベルで行えるようになってきました。とはいえ、実際の作業では作成労力やコストという現実的な課題になることが多いので、それぞれの教材の特徴・有効性・使いやすさ・作成のしやすさなどを考慮しながら開発を進めることになります。

　著作権への配慮も必要です。すべての著作物には自動的に著作権が発生します。一般に私的利用以外の目的で他人の著作物・創作物の全部または一部を著作権者に許可なく使用することはできません。しかし、公表された著作物を、それが引用であることを明確に示し、引用部分が主にならない範囲で、教育のためなら許可を得たり使用料を払ったりしなくても使うことができます。一般の著作物を教員自らが部分的にコピーし、教室で使用する場合にも問題なく使うことが許されています。さらに試験問題であれば、引用元を示さずに使うこともできます。このように教材や資料を作成したり、使用したりするときには、教育目的であれば、だいたい大丈夫なのですが、著作者の利益を不当に侵害しないことは求められます。例えば、日本語学習者向けの問題集のコピーを教室で配って使うことは認められません。問題集は本来、学習者が買うことを想定して作られていますが、教員が1冊だけ買って、そのコピーを教室で配布したら、学習者はその問題集を買わなくなるでしょう。すると、問題集の売り上げが落ちて、著作者の利益を損害することになります。このように、教育のためとはいえ、著作者の利益を守らないということは許されませんし、そういうことを続けていると、出版社も日本語教育のためのテキストや教材を作らなくなってしまうでしょう。そうならないように配慮することが望まれます。

3. テストと評価

3．1．評価の種類

評価には、**アセスメント** assessment と**エバリュエーション** evaluation があります。どちらも日本語に訳すと「評価」になりますから、ここでは英語をそのままカタカナにして分けて使います。アセスメントはエバリュエーションをするための材料を集めて、個々についてチェックするものです。エバリュエーションはアセスメントで集められた情報を基に総合的な判断を下すものです。例えば、健康診断などで、視力、聴力、血糖値、肺の機能などを調べるのはアセスメントです。個々の数値について、基準を外れていないかなどをチェックします。それらの結果を総合的に判断して、メタボであるなどと判断するのがエバリュエーションにあたります。

評価は、いつ実施するかによって、以下のような種類があります。

診断的評価	プレイスメント・テストなどのように、授業以前に学習希望者の実力を診断するためのもの。
形成的評価	授業の実施後、学習目標の到達度を測るもの。学習者の弱点を発見したり、結果をふまえてその後の授業計画の参考にしたりする。
総括的評価	コースの終了時に学習目標の最終的な到達度を測定するもの。結果はコース全体のコースデザインにフィードバックされる。

3．2．テストの種類

日本語教育における評価の手段として最も用いられてきたのはテストです。評価に使われるテストの種類には次のようなものがあります。

①**プレイスメント・テスト** placement test

学習希望者のレベルチェックを行い、適当なクラスをつくるため、あるいは適当なクラスに振り分けるために実施されるテストです。このテストは円滑なクラス運営の資料となります。また、必要があれば、学習者に結果を示して自

分の弱点やレベルの認識を図ることができます。

②**プログレス・テスト** progress test
　コースの途中で、それまでの理解度を測定するテストです。1時間の終了時の確認テストや、1日のまとめのテスト、あるいは、1週間のまとめのテストなどです。さらに、授業中の質問と答えのやり取りや、その他の学習活動で、評価の対象となるものをすべて含みます。学習者の理解度を測り、個人の弱点の発見と強化に役立てることができます。また、以後の授業にフィードバックすることで授業の改善に役立てられます。学習者の最終評価の直接的な対象にはしません。形成的な途中段階の評価として使われます。

③**アチーブメント・テスト／到達度テスト**　achievement test
　一定期間の学習の効果を確認するためのテストです。学期中間テスト、学年末テストなどがあります。学習効果を確認し、最終的な学習者評価の直接の資料になります。教師の反省の材料としたり、コースデザインの修正の資料としたりすることができます。

④**能力テスト／習熟度テスト**　proficiency test
　授業とは直接関係せず、能力を測定するテストです。「日本語能力試験」や「J-CAT」のような大規模試験があります。

　テストをその形式によって分類すると次のようになります。

主観的テスト	論述式テストのように、答えが一つには限られないもの メリット　：総合的な学力が測れる デメリット：採点の基準を定めるのがむずかしい 　　　　　　信頼性が低くなる可能性がある 　　　　　　受験者数が限られる

客観的テスト	選択式やマークシート方式、正誤式などのように、答えの真偽が完全に判断できるもの メリット　：信頼性が高くなる 　　　　　　採点が誰でも正確に行える 　　　　　　受験者の数が多くても処理できる デメリット：実際の言語運用力が測定しにくい

　テストの得点の解釈の点からは、**相対評価のテスト**と**絶対評価のテスト**に分けることができます。相対評価は集団の中でどれくらいの位置にあるかを示すもので、いわゆる偏差値もこれに属します。相対評価は、集団を基準としていることから、集団基準準拠評価 (norm-referenced test) とも呼ばれます。これに対し、絶対評価は、学習目標がどの程度達成されているかを見ることになりますので、目標基準準拠評価 (criterion-referenced test) とも呼ばれます。得点が能力の程度を示します。例えば、期末テストで 90 点以上は A、80 点以上は B、60 点以下は不合格とするというような場合がこれにあたります。

　テストモードつまり実施方法によってテストを**紙筆テスト** (paper and pencil test) とコンピュータを使ったテストに分けることもできます。「紙筆テスト」という用語はなじみが薄いでしょうが、いわゆる問題用紙を配ってする普通のテストのことです。これに対してコンピュータを使ったテストは、**CBT** (Computer based test) と呼ばれます。さらに CBT の中には **CAT**（Computerized adaptive test) と呼ばれる方法もあります。これは受験者の能力をコンピュータが逐次推定しながら、出題問題の難易度を受験者ごとに変えるという方法です。日本語の CAT としては、著者らが開発して公開している **J-CAT**（Japanese computerized adaptive test）があります。

体験してみよう！
「J-CAT」

　これを実現するための理論を**項目応答理論**（IRT）と言います。これに対し、従来からある一般的な理論を古典的テスト理論といいます。古典的といっても古くて使い物にならないという意味ではありませんが、古典的テスト理論では、

得点の**天井効果**や**床効果**という問題が生じてしまうことがあります。例えば2人の受験者の点数が満点だったとします。一人は普段は平均点ぐらいなのに今回のテストは簡単だったので100点となったのに対して、もう1人はいつも高得点で今回も余裕で100点だったとしましょう。2人の実力には差があるはずですが、たまたまテストが簡単すぎて2人とも100点だったのです。このようなテストの結果からは2人の実力が同じだとは言えません。このうように満点や満点に近い点数では実力差が見えにくくなります。これを天井効果と言います。反対に0点のときも実力差が分かりません。これを床効果と言います。詳しい説明は省きますが、項目応答理論ではこの問題が解決できます。

3．3．テストの分析

　テストで測るべきことが適切に測られているかを**妥当性**といいます。妥当性は質的なもので、専門家が判断します。一方、テストが、いつ実施しても常に同じような結果を示すように安定したものであるかどうかを**信頼性**と呼びます。これを数値で量的に示したものを信頼性係数といいます。いくつかの検証方法がありますが、最も有名なのは**クロンバックのα係数**（Cronbach's alpha）です。1に近いほどよく、0.8以上が望ましいとされます。問題数が多ければ多いほど、計算上、信頼性係数は高くなりますが、実際のテストでは時間の制約とのバランスを取ることになります。クロンバックのα係数は以下の式で求められます。

$$\alpha = \frac{問題数}{(問題数-1)} \times \left(1 - \frac{各問題の点数の分散の合計}{合計点の分散}\right)$$

　クロンバックのα係数の計算式には分散と呼ばれるものが含まれますので、α係数を求めるには、分散について理解しておく必要があります。実は、α係数をはじめ、ほとんどの統計の計算には分散が含まれます。α係数の実際の計算は、ソフトウエアを使って簡単にできますが、統計の最も基本的な概念である分散を理解しておくことはα係数のみならず、統計全体を理解する第一歩になるでしょう。テストの分析では、平均、標準偏差、偏差値なども良く目にする用語です。以下で、これらについて概説します。これらは数式で示されると

難しい感じがしますが、具体的な例で理解するとよくわかります。

次の表を見てください。これは架空の6人による文法と読解のテストの得点とそこから導かれる各数値の表です。平均点はいずれも55点です。まず、分散について説明します。分散は「得点の散らばりの程度」を表します。得点が人によってばらばらか、あるいは似たような点数にまとまっているかです。文法と読解の得点分布を見ると、わざわざ計算するまでもなく、文法の方が得点がばらついていることは分かりますが、ここでは理解のためにあえて始めから答えが分かりきっている例を使います。

受験者	文法			読解		
	得点	平均との差	差の二乗	得点	平均との差	差の二乗
A	80	25	625	60	5	25
B	70	15	225	60	5	25
C	60	5	25	60	5	25
D	50	-5	25	50	-5	25
E	40	-15	225	50	-5	25
F	30	-25	625	50	-5	25
平均点	55			55		
二乗の合計			1,750			150
分散			292			25
標準偏差			17.1			5.0

分散の計算式は

$$s^2 = \frac{1}{n}\sum_{i=1}^{n}(x_i - \bar{x})^2$$

です。これは、

$$\text{分散} = \frac{(\text{得点} - \text{平均点})\text{の}2\text{乗の合計}}{\text{人数}}$$

ということを表しているのですが、記号を言葉にしてもまだわかりづらいですね。では、数字を入れながら、順に見ていきましょう。まず、得点と平均点の差ですが、これは例えばAさんの文法のテストでは得点が80点、受験者の平均が55点ですから、差は25点です。表の「平均との差」のところです。これを2乗すると625になります。表の「差の二乗」のところです。全員について同じように計算して合計したものが1,750になっています。これを人数の6で割ると292になります。これが、文法テストの分散です。同じようにして読解テストの分散を計算すると25です。文法テストの方が分散の値が大きいですから得点の散らばりが大きいということになり、予想通りの結果になりました。さて、分散は求まりましたが、100点満点のテストで分散が292と言われても、その数値が大きすぎてピンときません。そこでこれを100点満点のスケールに変換する方法があります。それが標準偏差です。標準偏差は分散の平方根です。文法テストと読解テストではそれぞれ17.1と5.0になります。(なお、統計学では、標本サイズ、ここでは人数が30人より少ない場合、分散の計算で「人数」で割る代わりに「人数－1」で割るという約束ごとがあります。それで計算すると、標準偏差は文法テストでは18.7、読解テストでは5.5となり少し大きい値になりますが、それほど違いはありません。ここでは話を単純化するために、「人数」で割った値を使います。)さて、読解の6人の得点を見てください。平均点から5点高い人と5点低い人が3人ずつですね。標準偏差の5.0はこのばらつきの度合いを表しているのです。次によく耳にする偏差値を求めてみましょう。偏差値を求めるためにはまず、標準得点を求めます。標準得点は (得点－平均点)÷標準偏差 で求めます。では、Cさんの文法テストで標準得点を求めてみましょう。(60 － 55) ÷ 17.1＝0.29です。そして偏差値は次のように求めます。

$$\text{偏差値} = (\text{標準得点} \times 10) + 50$$

Cさんの文法テストの偏差値は (0.29 × 10)+50=52.9 です。同じようにしてCさんの読解テストの偏差値を求めると ((60 − 55) ÷ 5.0) × 10+50 = 60.0 です。Cさんは文法テストでも読解テストでも60点を取ったのですが、偏差値は読解テストの方が高く、受験者全体と比べると読解テストの方が文法テストよりよくできたということを示しています。これが直感に合うかどうか、表をみて考えてみてください。

クラスでの小テストや学期末テストでも、信頼性係数はチェックすべきでしょうか？

小テストでは必要ないと思うよ。期末テストでは、成績をどう考えるかによるね。成績のいい人とそうでない人の数が偏らないようにしたいなら、テストの信頼性係数も整えた方がいいね。成績の偏りが気にならないなら、信頼性係数は無視していいよ。テストで皆が高得点を取ってもいいですよね。その場合は信頼性係数は低くなるんだ。いい授業をして、学習者がよく勉強し、全員成績Aとなるのが理想だと思わない？そんなときは信頼性係数は低くても気にしなくていいんだよ。

3．4．テスト以外の評価法

テスト以外の評価方法もあります。これらの代替的な評価を日本語教育でももっと取り入れていく必要があるでしょう。

①授業中の反応や活動

授業中の反応や活動すべてが評価の対象になり得ます。ただし、学習者の個性による影響もありますので、継続的に意識的に学習者を**モニター**することが必要です。その場限りの印象に終わらせることのないように、丹念に記録をとっておくことが望ましいでしょう。

②宿題や提出物

記録として残っているものですから、評価の対象として有効に使えます。

ただし、辞書や、他人の助けを得たものであるかどうかなどのチェックを厳正に行うのは難しいでしょう。一方、ほかの人に手伝ってもらってでもタスクが遂行できているとして、それを含んで評価すると考え方もあります。

③ポートフォリオ

ポートフォリオは、宿題、提出物、配布物、資料、テスト、ノートなどを継続的にまとめたものです。それらすべてではなく、学習者自らが選んでまとめることもあります。学習者が自分自身で、学習の経過を確認できるところがメリットです。教師による客観評価にはなじみません。

テスト以外の代替的評価方法の場合は、その信頼性がテスト以上に問題になります。評価が主観的になってしまいがちだからです。これを克服するためには、評価の基準をできるだけ具体的に定めておくことです。学習者とともに**ルーブリック**の作成と修正の作業を重ねるのがお勧めです。

ルーブリックというのは、「話す」「書く」のテストやプレゼンテーションなどの産出系の評価によく使われるものです。評価の観点とそのパフォーマンスの段階的なイメージを一覧にしたものです。例えば、「話す」テストの観点には、「発音」「論理性」「表現力」などが考えられますが、このうち、「発音」と「論理性」の例は以下のようになります。

	0点	1点	2点
発音	発音が悪くて何を言っているか分からない。	発音に問題があり、ときどき分からないところもあるが、全体を通して何を言っているかがほぼ分かる。	発音に母語の影響が少し残るが、聞き取るのに支障はなく、言っていることはすべて理解できる。
論理性	話の展開が論理的でないため、内容が理解できない。	結論・主張は理解できるが、その裏付け・理由・根拠との関連性がよく分からない。	論理的に話全体が構成されており、よく理解できる。結論・主張の裏付けにも説得力がある。

読んでみよう！
「評価について考えよう」

授業の目的によって、観点もパフォーマンスのイメージも当然変わってきます。学習者自身は学習の初期の段階では、どのように評価したらいいのかわからないことも多いのですが、学習を進めながら、継続的にルーブリックの修正を繰り返し行うことによって、妥当な評価ができるようになります。つまり、自己評価の能力も身につけることができます。自分のパフォーマンスを妥当に評価できる能力は日本語学習に留まらず、いろんな場面で役に立つでしょう。これは、テストによる教師側からの一方的な受身の評価では獲得できない能力です。

4. 教室活動

4．1．いろいろな活動

文法シラバスのクラスでは、新しい文型をそれまでに習った既習語と既習文型を使って導入します。直接法の場合は、実物、絵で示したり、文脈を使ったりして、示します。TBLT (Task-Based Language Teaching) のように、タスクシラバスに基づくクラスでは、まずタスクにチャレンジします。文法は後で確認します。

教室活動には、先に見た、パターン・プラクティスや発音練習の他に以下のようなものがあります。このうち、ロールプレイなどペアやグループで行う活動では、**インフォーメーション・ギャップ**があることが求められます。インフォメーション・ギャップとは、参加者の持つ情報の差のことです。この差があることによって、そのギャップを埋めるために、情報を伝える、引き出すという、コミュニケーションが誘発されます。

①**シナリオドラマ**

　下のような会話文を暗記させて、役割を決めて（動作をともなわせて）発話させる方法です。

　　　A「暑いですね。」
　　　B「窓を開けましょうか。」
　　　A「はい、すみません、お願いします。」
　　　B　＜窓を開けようとして＞「あれ、開きませんよ。」
　　　A「あ、それね、その下の所に鍵がついているんですよ。」
　　　B「ああ、ほんとだ。どうもすみません。」

②**ロールプレイ**

　役割を決めて、ある場面でのコミュニケーションのシミュレーションを行います。以下のようなロールカードを見て、発話内容を学習者が考えます。

A あなたは、日本料理のレストランでアルバイトとして働いています。来月から大学の専門の授業が始まるので、忙しくなりそうです。今、週4回働いていますが、それを週2回に減らしたいと思っています。オーナーにそのことをお願いしてください。オーナーはお店のお客さんが多く、忙しいと言うかもしれません。しかし、あなたは自分の勉強の方が大事なので、そのことをわかってもらいたいと訴えて、アルバイトの回数を減らしてもらってください。

B あなたは、日本料理のレストランのオーナーです。去年からレストランを始めて、このごろお客さんが増えてきて、忙しくなってきました。そのため、アルバイトを増やそうと、広告を出していますが、なかなか応募してくれる人がいません。今はどこも人手不足と聞いています。そんなときに、アルバイトの学生さんから、仕事を減らしてほしいという申し出があります。それはとても困るので、状況を説明して、今より多く働いてくれるように説得してください。

既習事項が使えるように内容を設定します。始める前に時間をかけて準備する場合と、即興ですぐに行う場合があります。習熟度が低い学習者の場合は、準備時間を長くするなどして、課題の難易度を調整できます。ペアを変えて、何度が繰り返すことによって慣れてくると、アドリブで発展的な学習にもつながります。

③ **タスク**

学習した語彙や文法を使って他から情報を得たり、課題を解決したりする学習です。簡単ですぐできるタスクから複雑で数日にわたって行われるタスクもあります。

④ **ディスカッション**

あるテーマを決めて話し合います。事前の準備、例えば、参考資料を探す、読んで情報を得る、インタビューをする、などの活動も学習の一貫として行います。

⑤ **ディベート**

あるテーマについて、賛成・反対の二組に分かれて（あるいは、いろいろな立場の複数の組に分かれて）討論します。自分の本来の意見でない方の立場になることもあります。

⑥ **聴解練習**

教室内で教師が発話するものと外の世界での違いに学習者が戸惑わないように教材の提示のときに教師の意識化が必要です。例えば、無声化、明瞭さ、スピード、雑音、文末表現などです。聴き方にはいろいろなストラテジー（方略）があります。何の練習なのか意識させることも必要です。

スキャニング	必要とする情報に焦点をあてて聞き取ること。他の部分は聞き流す。
スキミング	全体の要旨を理解すること。
予測	先を予想して聴くというストラテジー。読解でも同じように予測して読むストラテジーが使われる。

4．2．教師と学習者
4．2．1．グループダイナミックス

グループダイナミックス Group dynamics は、集団力学と訳されます。集団における、地位・力関係、リーダーシップ、意思決定、行動パターン、集団規範などの現れ方、作用の仕方のことです。集団になると、互いに心理的な関係が生じ、役割分担を生み、集団の中での個人の行動が影響を受けます。それがよい方向に働くことも、悪い方向に働くこともあります。グループダイナミックスを適切に調整することにより、グループ全体の学習効率や満足度を向上させることができます。日本語のクラス内でグループを作るときに、母語、能力レベル、性別、興味・関心、性格や人間関係などを考慮して、活動がバランスよく活発に行われるようにします。そのためには、教師は、学習者を日ごろからよく観察しておく必要があります。

4．2．2．使用言語・媒介語

教室内で使用する言語は意識して使いましょう。教授法や学習者の構成などにより、母語や英語などの**媒介語**の使用を許す場合もあれば、禁止する場合もあります。

4．2．3．インタラクション

インタラクションは、相互作用や交流と訳されます。一般に教師対学習者のインタラクションは多めですが、それだけでは学習者一人ひとりの授業への参加度は下がります。学習者同士のインタラクションを増やすことによって、学習者の発話量・参加度を増すことができます。

4.2.4. フィードバック

フィードバックには**肯定的フィードバック**と**否定的フィードバック**があります。肯定的フィードバックは学習者のパフォーマンスを褒めることです。学習者の自己肯定感を高め、学習のモチベーションを維持するために使われます。否定的フィードバックは学習者の産出した発話・文の間違いを正すためのものです。ここでは否定的フィードバックの種類について説明します。

まず、**明示的フィードバック**と**暗示的フィードバック**があります。明示的フィードバックには**明示訂正**、**メタ言語説明**、**引き出し**があります。明示的訂正は、学習者の発話を明示的に訂正する方法です。メタ言語説明は、「過去形、タ形、テイル形、否定、断り」など、文法形式や語用的機能などのレベルで説明します。引き出しは、教師が言いさしをして、学習者にフォーカスさせたい部分を学習者に考えさせます。それぞれの例を以下に示します。

明示訂正
S「昨日8時に起きます。」
T「起きます、ではなく、起きました、です。」

メタ言語説明
S「昨日8時に起きます。」
T「昨日は、過去ですから、動詞はタ形を使ってください。」

引き出し
S「昨日8時に起きます。」
T「昨日は、8時に、起き・・・」

暗示的フィードバックには、**リキャスト**、**反復**、**明確化要求**があります。リキャストは、学習者の間違った発話を教師が正しく言い換えます。それを自然な会話のやりとりの中で行います。反復は、学習者の間違った部分を教師が繰り返すことで、そこに何らかの間違いが含まれていることを学習者に気づかせます。明確化要求は、教師が学習者の発話の後に、その発話には間違いがあるというシグナルを出して、学習者に気づきと訂正を促します。それぞれの例を

以下に示します。

リキャスト
S「昨日、映画を見ます。」
T「そうですか。昨日、映画を見たんですね。どんな映画を見ましたか。」

反復
S「昨日、映画を見ます。」
T「昨日、映画を見ます?」

明確化要求
S「昨日、映画を見ます。」
T「えっ?」

　Lyser & Ranta (1997) はこれらのフィードバックにおける**アップテーク** uptake について調べました。アップテークというのは、教師のフィードバックの後、学習者が間違いに気づいてそれを訂正しようとすることです。教師がフィードバックしたからと言って、学習者は教師の期待通りにいつも訂正するわけではありません。時には、教師のフィードバックに気づかないこともありますし、教師のフィードバックには気づいても、何が間違っているのか分からない場合もあります。また、間違っていることは理解できても正しい訂正できないこともあります。 Lyser & Ranta (1997) のアップテークは、このうち、学習者が教師のフィードバックに気づいて訂正を試みることを指します。その訂正が成功する場合も、また失敗する場合もありますが、調査結果によると、リキャストでは約30%しかアップテークが起きていませんでした。つまり約70%で、教師のフィードバックに学習者が気づきませんでした。実は教師のフィードバックで一番多いのがリキャストです。場合によっては無意識にやっていることもあるでしょう。そのリキャストが学習者に最も響かないというのは皮肉なことです。これに対して、反復では約80%、メタ言語説明では約85%、明確化要求では約90%、引き出しでは100%でアップテークが起きていました。さらに、アップテークで訂正が成功している率を調べると、以下のようになりました。

引き出し46％、メタ言語説明45％、反復31％、明確化要求28％、リキャスト18％です。以上のことから、学習者に間違いがあることを気づかせるためには、引き出し、明確化要求、メタ言語説明、反復が優れており、正しく訂正させるためには、引き出し、メタ言語説明が効果的であることが示唆されます。もちろん、これは学習スタイル、教室の雰囲気などにも影響されるでしょうから、ここでの示唆が必ずしもすべての教室、教師、学習者に該当するとは断言できませんが、少なくとも、よいフィードバックの方法として取り上げられることが多いリキャストが必ずしもベストではないということを覚えておいてもらいたいと思います。

　学習者の間違いは**ミステイク** mistake と**エラー** error に分けられます。ミステイクはいわゆるうっかりミスです。わかっていても間違ってしまうことがあります。言ったあとにすぐに自分で気づいて訂正することもあります。エラーはシステマティックな間違いです。繰り返し、同じまたは似たような間違いをします。動詞の活用形の間違い、「に」と「で」の混同、自他動詞の混同などがあります。頭ではわかっていても、同じ間違いを繰り返すことがあります。そして、それが固定化して、なかなか直らなくなると、化石化していると言います。化石化は上級の学習者にも起きます。

確認問題

1. 以下は各種のテストについての記述ですが、それぞれに該当するものを下から選びなさい。

　①「日本語能力試験」などのような学習者の言語能力を測定するテスト
　②学期末試験などのような学習項目が理解されているかどうかを測るテスト
　③クラス編成のためのレベルチェックのテスト

　{プレイスメントテスト／プログレステスト／到達度テスト／熟達度テスト}

2. 以下の空欄に入る用語として適切なものを選びなさい。

　テストの安定性を示す指標を（①）係数という。テストで測るべきものが測れているとき（②）が高いという。

　{信憑性／真正性／信頼性／適切性／妥当性}

考えよう

1. 例えば、日本のことをどれくらい知っているかを測定するテストがあるとしましょう。そのテストで、富士山の高さをたずねるのと、私（この本の著者）の背の高さをたずねるのとでは、どちらが妥当性が高いと言えるでしょうか。また、それはどうしてですか。

2. ずばり、あなたの思うベストな教授法とは何ですか。

「教えない教え方」

　本書の最後に、私が目指している教え方について説明したいと思います。この教え方は、教授法・メソッドではありません。アプローチあるいは教育についての基本的な姿勢・考え方です。これは一般的な教え方とはだいぶ違いますので、皆さんの頭の中で？マークが頻繁に点滅するかもしれません。

　このエピローグは、本書の編集者の阿部さんとの対談形式で説明していきます。お付き合いのほど、どうぞよろしくお願いします。

最後まで読んでいただけましたら、ちょうど私がインドのカルカッタに行って人生観が変わったように、皆様の教育観にも大きな変化（あるいは崩壊？）が起きているはずです！

教えない勇気

――　今井先生、こんにちは。今日は、よろしくお願いします。

今井　こちらこそ。よろしくお願いします。

――　さて、今井先生は、教師は教えない方がいいという考えをお持ちと、以前の打合せのときに伺いました。日本語の教え方についての書籍を刊行しようと思っていた私には相当ショックなことでしたが、教えないからといって、教育することを放棄するわけではありませんよね？　今日は、そのあたりからお話を伺えますか。

今井　はい。日本語の教え方の本の刊行を目指しながら、教えない方がいい、そういうことを主張したいという、私のわがままに付き合っていただいて、ありがとうございます。普通なら、その時点で、出版の企画がボツになるところでしょうが、それに敢えてお付き合いいただけるとのこと、その寛大な対応にまずもって感謝したいと思います。

　私がこれからお話しする教育に対する考え方は目新しいものではありません。西洋でも日本でも古くからある考え方です。その考え方を具体的に一言で言うと、一斉授業ではダメですよということです。しかし、現在の日本では、日本語教育でも小

中学校の教育でも一斉授業が普通ですよね。日本では、150年ほど前の明治時代に、西欧の教育制度をまねた結果、今のような学校制度と一斉授業の方法が定着しました。でも、驚くことに、それ以前の学習塾、つまり寺子屋では一斉授業は行われていませんでした。この絵を見てください。

都立中央図書館特別文庫室所蔵「文学万代の宝」「始の巻」

―― みんなてんでばらばらに勝手なことをしていますね。

今井 そうでしょう？ 中には勉強そっちのけでいたずらしたり、ふざけたりしている子どももいます。それでも教師は目を吊り上げて怒ったりしないで、悠然と座っていますね。私がこれからお話しする教え方というのは、まさにこの寺子屋のような方法です。その教え方は、簡単に言うと「教えない教え方」です。逆説的ですが、学習者によりよく学ばせるために、教師は教えることをやめた方がいいと思います。教師が教えなければ、学習者は学ぶことができないんじゃないかと思っている人が多いかもしれません。しかし、実は、そうではありません。教えなければ教えないほど学習が進み、教師が話さなければ話さないほど学習者の発話が増えるというのはパラドクスですが、事実です。私が皆さんに期待するのは、「教えない勇気」を持つことです。教師、あるいは教師になりたいと思う人の多くは、教えること、人前に立って話すことが好きな人たちです。そういう人たちに、教えるな、話すなというのは酷なことでしょう。ですから、私がこれからお話することは、教師にはなかなか受け入れがたいものだと思います。説明を読んでも、拒否反応を示すかもしれません。しかし、そういう拒否反応は自然なことかもしれません。私もそれはよく承知しています。

教えない教え方

今井 さきほどご指摘いただいた通り、教えないという形をとることが教育の放棄かというと、そうではありません。ただし、教育の定義の仕方によっては、教育をしていないと言われることもあり得ます。教師は誰でも学習者がよく学んでくれること、できればそれが効率的な学びであることを願っています。近頃、「学習者中心」というキーワードを耳にすることが多くなりました。学習の主人公が学習者であることは自明です。それなのに敢えて学習者中心と言うのは、学習・教育のスタイルの違いに注目してのことです。従来の知識伝達型の授業は教師中心のスタイルであり、授業形態が学習者中心になっていないということです。それに「教育」の「教える」には、どうしても教師中心、教師主導というイメージがつきまといます。いっそのこと「教える」という漢字を取り払って「育む」とした方が私のイメージに合います。ですから、「教えない育み方」と言えばいいのですが、「育み方」という言い方が今一つ耳慣れない感じがするので、論理的には矛盾しているのですが、「教えない教え方」と呼ばせてください。私が主張するこの教え方は、従来のよ

私の主張を受け入れて、実践に移すかどうかは、各自の判断です。拒否反応を示す教師が普通であるのと同様に、同僚や組織が「教えない教え方」に反対したり拒否したりすることもあるでしょう。それでもなお、それぞれの現場でファースト・ペンギンになるチャレンジャーが出てくることを強く願います。

我々教師にとって、教育の根本である「教える」ということを手放すことはとても勇気が要ることです。私自身、今まで講演・セミナーなどで教えない教え方について何度かお話しをさせていただきましたが、いつも内心びくびくしています。私の主張が強く非難され、心が折れそうになったこともありました。それでも、実践を続けています。というのは、教室での学習者の楽しそうな表情を見るたびに、そして、活発に話し、日本語の力を伸ばしていく様子を見るたびに大きな勇気をもらうからです。

うに教師が説明したり、教えたりはしないけれども、従来型の授業よりもはるかに効率よく学習が進む方法です。

—— なるほど。教師が教壇に立って説明するというスタイルではないけれど、学習者は学習し、育っていくといくことですね。

今井 ええ、その通りです。

—— 先生は、この「教えない教え方」というのをどのくらい実践しているのですか。

今井 教師は説明しない、話さないというガチっとした今のスタイルになったのは2015年ごろですね。そのときに、オリジナルの教科書を作って、完全な「教えない教え方」を実施しました。そして、日本語教師をめざす、大学院生の教育実習でもそのスタイルに切り替えました。それ以前にも少しずつ学習者中心ということについて考えていました。最近気づいたのですが、随分前から私は無意識的に教えない教え方を実践していたんです。私は教育学部を卒業して、埼玉にある女子高校に勤務したのですが、そのとき、弓道部の顧問をしました。そして、そのときの指導の仕方がまさしく教えない教え方だったんです。

—— えっ？ 女子高ですか？ なんか、イメージできないです。

今井 そうですか？ まあ、私自身も女子高で教えるとは思っていませんでした。本当は地元の秋田で小学校の教員になるつもりでいたのですが、教員採用試験に落ちまして…そのときにちょうど募集があった埼玉の私立高校で働くことになりました。

—— 弓道のご経験があったんですか。

今井 いえ、実は、私は弓道をやったことがなかったんですが、どうしたことか顧問にさせられまして。しかも弓道部はそのときに新しくできたんです。

—— そのときの指導方法が、教えない教え方だったんですか？

今井 ええ、そうなんです。私はまったくの素人だったんで、本を読んだり、弓道教室に通って習ったりしたんですが、所詮は素人ですから、指導するということを極力抑えて、というか、実際指導ができないので、部員自ら考えるということを要求しました。部員たちは高校にときどき来てくれるおじいさんの師範に教えてもらったり、他校に出稽古に行っていました。試合でも、普通は道場に選手と監督が入るんですが、うちは監督、つまり私は道場に入らず、

代わりにマネージャーが入って、選手に指示を出していました。これって、まさしく学習者中心じゃないでしょうか。私の役目は、練習のときに、手の角度がどうとか、手を放すタイミングがどうとかを観察して伝えることが中心でしたね。あとは、練習時間の管理とか。ですから、いわゆる指導らしい指導はしていないんです。それに、創部したばかりなので、初めは弓道場もなく、ゴムをひっぱって型の練習をしたりしていました。部員たちは自ら考え、工夫し、行動するしかなかったんですね。それでも、創部から2年後には県大会で優勝するまでになりました。

―― それはすごいですね。

今井 そうですね。とは言え、相当ヘビーな練習をしていましたし、私も「強くなりたかったら練習するしかないんじゃないの」みたいなことは言っていましたから、誘導も無きにしもあらず、ですね。

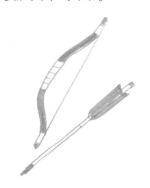

教室と現実

―― 日本語教育のことに話を戻しますが、教えない教え方でも、完全に学習者に練習の内容や方法をまかせるんですか。

今井 そうですね。これまで、初級クラスをチームティーチング[1]でやってきましたから、学習項目と教科書は決まっています。ですから、その日、その日で学習する項目も範囲が決まっているわけです。その中で、教え方だけを変えたわけです。

―― そうですか。初級のクラスなら、文型導入、語彙導入、基本練習、応用練習という流れが一般的ですよね。先生の場合、これをどうやってやるんですか。文型も教えない、練習の仕方も教えない、ということじゃありませんよね。

今井 教えません。ただ、確認はします。

―― と、言いますと？

今井 例えば、新しい文型が学習項目になっているなら、絵カードを見せて、文を言わせてみて、言えるかどうかの確認をします。

―― でも、まず、その文型がどういう意味なのか理解させる、いわゆる文型導入をしないと、学習者は何

---

1 2人以上の教師が連携・協力して1つのクラスを指導する方法。

を言ったらいいかわからないんじゃないですか。

今井 文法の解説を予習してくることにしているので、わざわざ、教師が説明したり、実演して見せたりして、新しい文型を導入する必要はありません。もちろん、予習をしてこない学習者もいて、そういう人はきょとんとしています。そして、助けを求めるようなまなざしで、こちらを見てくるんです。それでも、私が一切説明しようとしないものですから、そのうち、私に説明を求めることを諦めます。

―― えっ？ じゃ、その学習者はどうなってしまうんですか。わからないままでいいんですか。

今井 わからないままではよくありません。しばらくすると、見かねた他の学習者が助け舟を出します。そのときには存分に説明させます。母語を使っても構いません。文法解説の、ここに書いてあるから、それを読め、なんて指示をする人もいますね。学習者の様子を観察していると、「ああ、そうか。」という表情をします。それによって、その学習者が理解したことを教師は確認できます。練習のときもそうです。練習の仕方が分からない人がいたとしても、他の学習者がきちんとサポートしてくれます。

―― なるほど。わかる人がわからない人をサポートする体制になっているんですね。

今井 そうです。それに、授業中に、スマホで調べるということも自由です。わからない語をスマホの辞書で調べることもOKです。今は、文を写真に撮って、一気に単語の意味を調べることも可能になりました。読めない漢字の調べ方に苦労することもなくなりました。

―― まさしく、現代的な学習方法ですね。

今井 そうです。使えるものはすべて使う。そういうITリテラシーも大事な能力の一つだと思います。教師になるべく頼らない、自律した学習者になってもらいたいですね。教室に来て学べることは非常に限られています。普段から、自分で学習する方法を身につけることで、教室に来なくても、日本語能力を継続的に高めていくことができるようになります。

―― とすると、教室に来ることの意味はなんですか。

今井 言葉はコミュニケーションの道具です。教室というコミュニティーで、自分の知っている日本語で、コミュニケーションを行い、そ

れが成功することによって、コミュニケーションの成功体験を積み重ねる場だと思います。まったく物おじしない人はいいのですが、そうではない多くの人にとって、外国語でコミュニケーションするとき、少なからず不安があると思います。教室で習った文型・語彙を使って誰かに話しかけるというのは勇気のいることです。まずは、教室で試してみて、成功の体験をして、その後、荒野に出ていくのです。

——　荒野、ですか。

今井　現実場面は情け容赦ないですよね。未習語は使わないで、とか、その文型は来週勉強する予定だからそれまで待って、などということはありませんね。外国人に丁寧に話そうとして、やたら敬語を使って話す人もいますよね。でも、敬語を使われれば使われるほど、難しくなってしまうんですけどね。

——　教室はそういう現実という荒野に出ていく前の練習の場なんですね。

今井　はい。そうです。でも、気を付けたいことは、練習をなるべくリアルに行うということです。教科書にあるモデル会話を暗記したところで、現実にはその通りに会話が運ぶことは、まずありません。ですから、モデル会話を完全に暗記する優等生は、現実では予想通りに運ばないので、落胆することになります。教室で習った日本語が通じないと。ですから、教室でも、学習者同士本当のコミュニケーションをさせるのです。自分がリアルに相手に伝えたいことを伝え、相手からリアルに聞き出したいことを聞き出すのです。すると、その時間に習った文型・語彙だけではコミュニケーションができず、たいていの学習者は自分で未習語、未習文型を調べますが、答えが見つからないこともありますし、リズムよく会話をしているときに、スマホで調べるのは面倒だからとすぐに私に聞いてくる人もいます。学習者も私がどんな場面なら質問に答えるかを心得ています。学習者から、これは何と言うのかというような質問が出てきます。それに対しては、「それはまだ難しいから」などと言って制止せず、学習者が満足するまで、与え続けます。

——　与えるのですか？　教師は教えないんじゃなかったのですか。

今井　そこはずるいかもしれませんが、基本的な練習の場面で、自分で調べたり、勉強したりすれば、分かることは一切手助けしません。でも、リアルなコミュニケーションが起き

ているときに、これをどう言ったらいいかというようなことについては、サポートします。教えるというよりもサポートする感覚です。でもまあ、近頃は自動翻訳の精度が急激に上がってきていますから、私に聞かないで、母語でスマホに語りかけて、音声と文字で日本語を出力するということもやっています。私も、「日本語なら Google Translate より VoiceTra というアプリの方がいいよ」なんて学習者にアドバイスしたりします。

―― でも、そうやってなんでも翻訳してしまうと、聞き手である他の学習者が理解できない、ということはありませんか？

今井　それも現実です。相手が分からなかったら、わかるように言い換えることも必要なのです。こういうことを重ねていると、どんな言い方なら、相手に伝わるかということもわかってきます。

―― そうですか。すると、毎時間の学習項目とは随分と離れた練習になってしまいそうですが、それでいいんですか。

今井　まったく構いません。というか、そうなって初めて、本当の学習が行われると思っています。人には、他人とコミュニケーションしたいという欲求があります。伝えたい、知りたいという欲求があります。それを満たすためなら、努力もします。そうやって努力して獲得した日本語は記憶にも残りやすくなります。教科書にある、作り物の会話例ではなく、自分自身のリアルな発話は、記憶に残りやすく、また、それが「うれしい」「困った」という感情を伴えば、記憶がさらに強化されます。ですから、教室での練習といえども、話す内容はリアルであるべきなのです。ですから、教科書から離れれば離れるほど、真の学習が促進されるんです。

教師の反応

―― なるほど。ようやく教えない教え方のイメージがつかめてきた気がします。ところで、こういう方法は、学習者中心という理念には適っているものの、少々過激な感じがします。先生は、チームティーチングをされているということでしたが、他の先生方も同じように実践されているんですか。

今井　いや、実は、まだ道半ばです。他の先生方にも部分的には試してもらっていますが、完全に教えない教え方が受け入れられているわけではありません。私自身の実践の経験が

まだまだ不十分ですし、教育効果を科学的に検証するということもできていません。今は、「前の教え方に比べて、学習者が積極的に、大量に話すようになったよね。」という現場の教師の主観的な反応があるだけです。

―― そうですか。先ほど、他の先生方も全面的に受け入れたわけではないということが気になります。効果は感じていながらも、全面的に賛成ではないということですか？

今井　ええ、そうです。やはり、これまでの教え方とは相当異なりますし、なにしろ、教えないことを教師に要求するわけですから、教師の存在自体の否定ともとられかねないんですね。ですから、心情的にもなかなか受け入れがたいところがあるのも無理からぬことだと思います。「教えない」ことに教師がどれほど強い拒否反応を引き起こすかについて、一つ、私の苦い経験についてお話ししたいと思います。数年前、海外のあるシンポジウムに基調講演者として招かれ、「教えない教え方」について講演したときの反応はひどいものでした。以前、同じシンポジウムに招かれたときには、自動採点テストについて講演しました。おそらく、そのときは好意的に受け止められたからだと思いますが、5年後に再び、同じシンポジウムでの講演依頼がありました。その前年から、小規模な研究会等で、教えない教え方を New Silent Way [2] と称して、発表する機会があり、割と受けがよかったという感触を持っていて、その勢いでシンポジウムの講演に臨みました。そこでは、教師の指導は最小にし、できれば何も話さない方がいいということを訴えました。そして、教師が話さないで教えるという体験をグループ活動などで試みてもらいました。その場では、参加者から直接の批判はなく、一応予定通りに終えることができました。しかし、その数日後に送られてきて事後アンケートには、好意的な意見や感謝の言葉があった一方で、強烈な批判の言葉がありました。

> 実際の日本語を教えるときに、時間もかかって、効果もあるかどうか疑問です。I was expecting to have more informative information, however feel a little bit sad not to get them. 例年、すばらしい講師の方が招かれ、新しいことをご教示いただいていたのに、残念です。

2　Silent Way とは、ガッテーニョ（1911－1988）によって提唱された教授法。学習者の学びを阻害しないよう、教師が必要以上に干渉しない「沈黙式」教授法。

講演では、教師はなるべく教えない、学習者の反応がなくてもぐっとこらえて待つ、フィードバックは必要最低限に抑える、というようなことについて話しました。学習者中心のアプローチを知っている人にとっては、確かに、目新しいことではなかったと思います。学習者中心の授業の原理は確かに分かり切ったことなのですが、学習者中心を目指していても、現場では、教師はついついしゃべり過ぎるきらいがあります。タバコが体に悪いと知っていながら、ついつい吸ってしまうのと似ているかもしれません。教師の話したいという欲求は、極めて抑えがたい、教師の性なのかもしれません。そこでショック療法のように、完全にsilentになることを提案したのが、New Silent Way なのですが、シンポジウムの参加者の一部、特にベテランと呼ばれている人たちにその必要性を理解してもらうことに失敗しました。以後、New Silent Way という呼称は封印しました。このごろは「アクティブ・ラーニング」というサブタイトルをつけて、教えない教え方を説明することにしています。いまはやりのアクティブ・ラーニングという言い方に置き換えるだけですが、これで拒否反応を起こす人はいなくなりました。ことばのマジックですね。これからも実践と普及に努めたいと思います。

教師の解放

—— 教育実習での実習生の反応はいかがですか。

今井 実習生はみなまじめなので、綿密な教案を書き、創意工夫をこらした教材を作り、夜を徹してリハーサルをし、赤い目をして授業に臨みます。授業では分刻みで授業をコントロールし、説明・練習も教案通りに進めようとします。これでは、どうしたって教師中心になります。きっちりとプログラミングされたロボットのようになってしまい、教師の発話量が増え、学習者の発話量は少なくなってしまいます。個々の学習者の発話を記録し測定してみると、教師の発話量と比べて驚くほど少ないことに気づきます。一斉にコーラス[3]で言わせる練習をしていると、みな元気よく話しているので、つい、発話量も十分確保しているように勘違いしてしまいます。そういう機械的な、考えなくても言えてしまうような発話は口慣らし以上の何物でもなく、それを繰り返しても、使える日本語は身に付きません。

3 声を揃えてリピートさせる方法。

コーラスではない、一人で話す量は、本当に少ないのです。教師の皆様には騙されたと思って、一度、授業中の自分自身の発話と誰か一人の学習者の発話を録音して、カウントしてみてほしいです。そういう客観化をしないと、私の言っていることが腑に落ちないという人がたくさんいるはずです。教師の話す量が少なくなると、学習者の発話量が増えていきます。その変化は極めて顕著です。ただ、教師の話す量を少なくするというのは思いのほか大変です。実習生に何度も発話を少なくするように指導しても、ついついしゃべってしまうということになってしまいます。本人は努力しているんですけどね。特に「待つ」ことができません。例えば、ある学習者に文の中のある部分を他の語・表現で言わせる代入練習をしたとしましょう。教師のキューのあと学習者が文を言うわけですが、ときには考えこんでしまう学習者もいます。その時の間が、教師にとっては耐え難いものになるようです。教師の出すキューと学習者の反応がリズミカルに交替して続いていくのが、うまく行っている授業で、学習者が詰まってしまい、沈黙するのは、授業の失敗を意味すると思っている節があります。でも、果たしてそうでしょうか。こうも考えられませんか、スムーズに口をついて出てくることばは機械的な置き換えに過ぎず、その学習者は中身をよく理解していないかもしれません。理解しようともしていないかもしれません。所詮、自分が本当に言いたいこと、伝えないこと、知ってもらいたいことではなく、虚構の練習のための練習だからと、割り切って。逆に、考え込むというのは、自分なりに、文の構造を分析し、意味を十分に理解し、解釈している、そういう深い理解がないと、次に進まない、進めない、進みたくないということかもしれないじゃないですか。

―― そう考えると、まさに沈黙している時間にこそ学習が行われているということになりますね。

今井 そうなんです。その沈黙を教師が待ちきれずに破ってしまうというのは、学習者のせっかくの貴重な学習の機会を有無を言わせず、奪っているとも言えるのです。表面上いい授業と思われるリズミカルな授業よりも、つっかえたり、沈黙がある、一般的には下手だとみなされる授業の方が、より深い学びが行われている可能性もあるんです。

―― うーん。自分の教育実習のときを思い出してしまいました。私も、

とにかくどうやったら学習者が理解してくれるかということを考えて、自分が持てるすべての力と時間を使って準備していましたね。それでも、毎回、反省、反省の連続でした。

今井 ですよね。みんな、よく頑張りますよね。でもね、私のところでは、そうやって授業準備をしてきた実習生に対して、授業の直前に「その準備した教材を使わないでやってみて。」なんて言っちゃうんですよ。

―― えっ？…で、どうなっちゃうんですか。

今井 実習生は、戸惑い、怒り、悲しみ、いろんな感情を抱えたまま、何とか授業をやりますね。で、あとで、あの教材のどこが悪かったのか聞いてきますね。

―― そりゃ、そうでしょうね。せっかく準備してあったのに、それを使わせてもらえなかったら、パニックですね。

今井 どこも悪くはないんです。悪いなんて一言も言ってません。ただ、使わないで、と言っただけで。

―― すみません。なんか、よくわからなくなってしまったんですが。

今井 ですよね。わけわかりませんよね。じゃ、ちょっと整理しましょう。実習生は周到に準備してくるのですが、それでは、完璧に教師主導に陥ってしまいます。しかし、準備するなと言っても、実習生は不安ですから、準備しないで授業に行くなんてことはできません。それに、準備はしてもいいし、むしろするべきなんです。とことん準備して、本番ではすべて捨てるのです。そうすることによって、授業の肝はしっかりと確立しながらも、教師主導にならなくて済むのです。実習生には、「準備したものはすべて捨てさせられたし、教案も見ちゃだめって言われたのに、授業はそれなりに成立していたよね。」と言います。そこでようやく気づくんですね。計画通りでも、そうでなくても、授業ができるんだってことを。これは、大きな自信につながりますよ。そして、教案通りに進めることに集中して、クラスが見えなくなっていたのと対照的に、学習者を見ることができるようになります。こうやって、教師の注意の対象が教案・教材から学習者に移るんです。学習者主体の授業の基本は学習者のモニタリングです。人の注意力の容量は有限ですから、できるだけ、教案・計画・教材への注意の量を減らすことが肝要なのです。「教材捨てて。教案見ないで。教案忘れて。」という私の指示はそれを実現する仕掛けです。

―― なるほど。そう説明されれば、納得ですが。実習授業の当日の朝に指示されても大変でしょうね。実習生が、ちょっとかわいそうな気がします。

今井 そうですね。大変ですよね。でも、計画が突然変わるなんてことは、現場では毎日ですから。前日担当の先生から夜にメールが来て、「すみません。48ページ終われませんでした。」とか、「今日教えたところ、あまりよく分かってないみたいです。復習お願いします。」とか、「あれ、今日、クイズなのに何でこんなに人が少ないの？」と聞くと「先生、今日は雨ですから。」とか、「予習してきた人？」と聞くと3人しか手を上げなかったり、初級のクラスで「マイクさんは来ませんでした。ジョンさんが来ました。」という例文をあげると、次のような問答が始まったりします。

S: What's the difference between WA and GA?
T: WA is the topic marker and GA indicates a subject.
S: I know that. That's what the grammar book says. So, 'Mike-san' is a topic, isn't it? So what is the subject of this sentence?
T: 'Mike-san' is the subject of this sentence.
S: I'm sorry. I don't get it. 'Mike-san' isn't followed by GA. It's followed by WA. So shouldn't it be the topic?
T: Yes, it's a topic. It is also the subject.
S: OK. So, WA marks the subject and topic at the same time, and GA signifies the subject but not the topic.
T: Yes, yes. You are right.
S: I suppose I'm fine so far. But ... you know ... GA isn't necessarily the subject.
T: What do you mean?
S: Well ... You said GA denotes the subject ...
T: Yes. GA indicates the subject.
S: But ... when we learned sentences like 'Sushi ga sukidesu', GA didn't indicate the subject.
T: Oh, that's an exception. As they say, 'Every rule has its exceptions!'
S: Hmm... I think... may...be

結局、この教師は自分では説明した気になっていますが、学習者にとっては何の解決にもなっていません。にもかかわらず、相当な時間を使ってしまいました。当然、その日の授業計画は変更を余儀なくされます。現実の教室では常に予測不可能なこ

とが起こるのです。であれば、授業計画を分刻みで立てることのナンセンスさが明らかでしょう。

教案

――　なるほど。そう言われれば、そうですね。じゃ、今井先生の場合は、実習生には教案を書かなくていいということを指導するんですね。

今井　いえ、教案は書かせます。

――　えっ、書かせるんですか？無駄だと分かっているのに？

今井　はい。しかも分刻みで。

――　すみません。私が何か、聞き漏らしたのかもしれませんが、確か、分刻みの教案はナンセンスだと…。

今井　そうです。現場では。でも、トレーニングの段階では、教案を書かせます。学習者の反応を具体的にイメージして。ここで、教師がこうしたら、学習者はこう反応するだろう。そしたら、教師は何をするか。それに対して、できない学習者はどう反応するか、など、まるで目の前に実際の学習者がいるように、具体的な教室活動がイメージできるように、言ってみれば、映画の台本のように、細かく書かせます。

――　でも、本番では、それを忘れろと指示するんでしたよね？

今井　そうです。

――　じゃ、一体何のために？

今井　そうですね。阿部さんは何のためだと思いますか。

――　練習のため？シミュレーションですか？

今井　そうですね。シミュレーションに近いですね。例えば、自動車免許を取るとき、路上実習に出る前に、自動車学校の中で練習しますよね。あのときって、安全が確保されているわけじゃないですか。どんなに下手な人でも人身事故を起こしたりしないという安全が保障されていますよね。だから、安心していろんなことにトライできますよね。現実ではあり得ないような超S字カーブを切り替えながら、脱輪しまくるみたいな。それって、何のためにやるんでしょうかね。まず、現実ではお目にかからない場面ですけど。

――　そうですね。現実ではないかもしれないけれど、もしかしたらあるかもしれない。その確率は低いけれども、現実のどんな場面でも対応できるように、練習する…

今井　はい。そうだと思います。実験室みたいなものですね。まあ、いろんなことをたくさん試してみます。実験には想像力が必要ですし、多くの試行錯誤を重ねるわけですね。

―― はい。

今井 教案を書くのも実験と同じです。

―― 実験ですか…？

今井 はい。想像力と試行錯誤です。教案を書くときの想像力というと、どういうことになりますか？

―― 学習者の反応を想像するということですか？

今井 そうそう。教室で起こりうる、ありとあらゆることを想像するんです。教案を完成させることにはあまり意味がないんです。学習者の反応をああでもない、こうでもないと想像すること。その想像の中で、教師対学習者、学習者同士、さらに、学習者の思考過程まで、ありとあらゆることを、シミュレーションすることが肝なんです。こうなるかな、いや、それはないな、じゃ、こうしてみるかな…というような試行錯誤をたくさん繰り返してほしいわけです。それが、そのままトレーニングになるんです。

―― なるほど。そのトレーニングのプロセスこそ大事なのであって、教案はその結果に過ぎないと。

今井 その通りです。だから教案を書きあげた段階で、目的は達成されているわけです。そして、どうやったところで、実際の授業は教案通りには進まないんですから、それに基づいてやるとむしろ失敗してしまうわけですから、そういう危険なものは捨てた方がいいんです。

―― ようやく、今井先生の真意が理解できました。

今井 すみません。説明が下手で。

―― いえいえ、決してそんなつもりではありませんが、やはり、こうやって時間をかけて説明してもらわないとわからないんじゃないかと。

今井 そうかもしれませんね。それをほぼ説明なしで実習生にやらせてしまいますから、実習生は面食らいますよね。

―― はい。今井先生、相当なＳですね。

今井 Ｓ字カーブだけに、Ｓですか。なかなかうまいこと言いますね。

―― …そんなつもりじゃなかったんですが…あと、もう少し、実習について聞いてもいいですか。

今井 はい。何なりと。

―― 実習生は教案を見ないで、忘れて、授業をするわけですよね。

今井 はい。

―― すると、目標を見失うというか、授業で何をやったらいいかわからなくなったりしませんか？

今井 いや、それはありませんね。各授業の目標は決まっています。

「なになにできる」みたいな、ですね。それがゴールなわけですけど、それに至る道順は色々ありうるわけです。まさしく、教案を書くときに想像したように。現実の授業では、いろんなハプニングに臨機応変に対応しながら、一つのゴールを目指すわけです。

—— ああ、わかりました。教案を忘れろと言っても、学習目標まで忘れろというわけではないんですね。

今井　（笑）そうですね。学習目標まで忘れたら、そりゃ、困っちゃいますね。

—— そうですよね。じゃ、ちょっと話を戻して、教師が話さない方がいいということ、それを実習生に言っても、なかなか教師の発話量が少なくならないということでしたね。

今井　はい。そうですね。苦労しますね。

教師の発話を減らす

—— どうやったら、教師の発話量を減らすことができるんでしょうか。

今井　そうですね。まあ、初めは説明しますね。教師の発話を減らして学習者の発話を増やしましょうねと。

—— はじめは。

今井　はい、はじめは、やさしく。

—— それでも、発話量が減らないことが多いんですよね。

今井　はい。

—— すると…やさしくなく…

今井　いえいえ、次に授業の前に、やさしく、そっとマスクを渡します。

—— マスク？

今井　ええ。「あなたは、今日、風邪を引きました。このマスクをどうぞ。あ、それから、今日は風邪で、声も出ません。」

—— えっ？　つまり、マスクをして、声を出すなと…

今井　ですね。

—— 全然？

今井　全然。

—— すみません。また、少し混乱してきました。詳しい説明をしないというのは分かりましたが、教師が一言も発しないで、授業が成立するんでしょうか。これって説明しないとか、発話量を減らすというのとは次元が違いませんか？

今井　確かに。でも、不思議なことにそれで教室活動が回ってしまうんです。まあ、ジェスチャーとかは増えますけれどね。

—— あの、まだイメージできなんいんですけれど、例えば練習の指示

とかはどうするんですか。

今井 定型練習なら、教科書通りやればこなせます。ですから、教師は指を立てて1番みたいに示せば、あとは学習者が勝手にやります。あと、教師はうなずいたり、首を横に振ったりしてフィードバックを与えることができますから、学習者がほったらかしになるということはないんです。

―― そうですか。それで授業が流れていっちゃうんですか。

今井 はい。しかも、スムーズに。この事実が示唆しているのは、まず、教師の説明のみならず指示などもわざわざ時間を取ってする価値のないものだということです。端的に言うと無駄なんです。無駄なことに時間を使って、その分、学習者の貴重な学習時間を奪い取っているんです。もう一つは、授業には型があるということです。例えば、まず、モデル会話をビデオや音声で確認し、語彙を確認し、文型を確認し、簡単な練習をし、応用練習をし、というような順番が毎回繰り返されている。だから、一旦、この型が分かってしまうと、黙っていても、その順番に流れて行くんです。

―― そうなんですか？　私が実習をしたときも、自分で言うのも変ですが、けっこう真面目に授業の流れを考えました。何をやって、次にどのタイミングで何をやって…。苦労して考えた順番が初めから決まっていたなんて…

今井 いや、変化の可能性はありますよ、十分。前にも言ったように、ゴールは一つでもそこに至る方法は十人十色、千差万別ですから。ですから、教師の工夫の余地は大いにあるんです。ただ、教科書を使っている限り、回数を重ねると、少々の違いはあっても、最大公約数的に、典型的な順番というものが自ずとできあがってくるんです。教師にも、学習者にも。

―― そうなんですか。なんか、マジックか何かを見せられているような、ちょっと変な感じです。

今井 そうですね。人間の行動を俯瞰的に見るというか、メタ的にとらえると、けっこうパターン化しています。というより、人はとにかく森羅万象をパターンとしてまとめていかないと、情報の洪水に翻弄されて、収集がつかなくなってしまうんです。パターン化することで、情報量を減らして、認識し、記憶するんです。何をどんな順番でするかというパターンなんですが、それをスクリプトとも言ったりします。例えば、

居酒屋のスクリプトというのは、店に入って、人数を伝え、席について、メニューを見て、飲み物を注文して、乾杯をして、食べ物を注文して、食べて、伝票を持ってレジに行って、金額を聞いて、割り勘にして、支払うという一連の流れです。レジに行く前に、伝票を見て、割り勘にして、誰かがそれをまとめて、レジで払う、というようなバリエーションもありますが、おおむね同じような流れになります。この流れに慣れているので、すべてがスムーズに進みます。ところが、このスクリプトのない人だと、ちょっと困ったことになります。うちの家内は、私と付き合うまで、居酒屋というものに行ったことがなかったようです。彼女と居酒屋に行くとこんな感じになってしまいました。席について、店員を呼んだあと、メニューの１ページ目から、それぞれの料理はどんなものかをたずね始めたのです。いつまでたっても飲み物には到達しません。飲み物はメニューの最後のページにありますから。しかたなく、私がさえぎって、まず飲み物をというと「お水ください。」ときました。店員もガクっときてました。さて、どうして彼女はこんな変な行動を取ったのでしょうか。それは、彼女の中には居酒屋のスクリプトがなく、レストランの、しかもかなり高級なレストランのスクリプトしかなかったからです。レストランでは、席に着くと、ウェイターと客とが料理について、あたかもそれを楽しむかのように会話をします。ウェイターは時間をかけて、細かに料理の説明をし、客はそれを聞いてから、注文を決めるわけです。注文を決めてから店員を呼ぶ居酒屋のスクリプトとは真逆なわけです。このように、スクリプトを共有していれば、物事がスムーズに流れ、そうでなければ、うまく行かないんです。ですから、人は何度か同じ経験をすると、スクリプトを作り上げ、物事をスムーズに進めるようになります。教室活動の経験を繰り返すことで、自然に教室活動のスクリプトが構成員間で共有されるようになるんです。だから、似たような授業を何度か繰り返せば、黙っていても学習者自らが授業をマネージメントできるようになります。

── そうなんですね。学習者に自主性が身に付くということですね。

今井　あー、ちょっと違うかな。

── 違います？

教科書「も」教える

今井　そうですね。スクリプトに

従って、順番に練習を進めていくというのは、確かに、学習者が判断してできるんですが、それを自主性と呼ぶわけにはいかないと思います。自主性というのは、もう少し高次な判断ですね。例えば、今日は何を学ぶか、どのように学ぶか、みたいな判断です。

──　あ、そうなんですね。単に、機械的に何かをこなしていくというだけでは、自主性と呼ぶには不十分ということですね。

今井　ええ、そうです。教科書の順番に従って練習をするだけでは、学習者が主体的に学習しているとは言えません。

──　よく、教科書「を」教えるんじゃなくて、教科書「で」教えると言われますが、それと同じですか。

今井　確かに、教科書「を」教える・学ぶよりは教科書「で」教える・学ぶ方がいいと思いますが、それでも教科書によって学習内容が制限され、固定化されてしまいますよね。ですから、私なら教科書「で」教えるというよりも、教科書「も」教える、と言いたいですね。

──　教科書「も」、ですか？

今井　はい。==学習内容は学習者が決めるべきで、その選択肢の一つとして教科書があってもいい==という考えです。

──　じゃ、教科書じゃなかったら何を学ぶことになりますか。

今井　そうですねぇ。学習者が学びたいものを自ら発見し、自ら教室に持ち込むのが理想的ですね。とはいえ、誰でもそれができるわけではないし、そもそも、そういうことができる完全に自律した学習者なら、もはや教室に来ようとは思わないかもしれません。教室に来るのは、やはり、完全に自律はしていない学習者です。あるいは、自律はしていても、一人で勉強するよりも、人との交流を通して勉強するスタイルを好む人です。

──　それに、実際に、全員ばらばらなものを持ってくると収拾がつかなくなってしまいませんか。

今井　そうですね。カオスですね。まあ、昔の寺子屋はそうだったみたいですが。で、現実にはどうしたらいいかというと、個人学習、ペア学習、グループ学習に向いたような教材を備えておくことがいいでしょうね。例えば、図書館のように多種多様な教材が揃っていて、そこから学習者が自分の目的に一番近いものを選んでやるようなイメージですね。でも、教室はもっとコンパクトだし、教室に来る最大のメリットは他の人

とコミュニケーションできることだと思うんです。前にも言った通り、教室で十分なコミュニケーションを行ってから外に出ていくわけです。教室は砂漠のオアシスみたいなものであってほしいですね。そこで十分に水を飲んで、元気になって、砂漠に出ていくみたいな。

—— 教室はオアシス、っていい言葉ですね。ところで、今井先生のような教え方、考え方というのは、やはり特殊なんでしょうか。

今井 いえいえ。最初に申しました通り、このような教え方は日本の寺子屋でも行われていました。そして昔から色々な教育者や哲学者などが主張してきたことなんです。

—— そうなんですか。例えば、どんな人ですか。

今井 待ってました！

—— えっ？

教育哲学

今井 こういう機会はなかなかないので、今日はたっぷりお話しさせていただきます。私が目指している教え方、考え方は本当に昔から言われてきたことなんです。苫野一徳という哲学者が西日本新聞で連載していた「教育哲学への道」というのがあるのですが、そこでは、有名な哲学者や教育者の教育に対する考え方が分かりやすく解説されていました。それを読んでみると、不思議な共通性が立ち現れてくるんです。それは、「学習者を主役にして、教師はわき役に徹する」ということなんです。これは、今日何度も言ってきた「学習者中心」とかアクティブ・ラーニングの考え方そのものなんです。もちろん、それぞれの人の言い方は少しずつ違っていますが、その根本の考え方は本当に皆、不思議なほど一致しています。それを証明するために、苫野さんが取り上げた16人の哲学者、教育者の解説を見て、その共通性を探っていきましょう。そして、それを私なりに日本語教育の文脈で解釈してみます。楽しい旅になりますよ。苫野さんの解説は全部苫野さんのブログ[4]で読めますから、ぜひ読んでみてください。では始めましょう。1番手は19世紀ロシアの文豪トルストイです。

（1）トルストイ

トルストイは、自ら学校を作り、子どもたちの教育に取り組んだ教育者でもあった。その教育方針は、子どもたち

---

[4] 苫野一徳 Blog（プライベート版）西日本新聞での連載「教育哲学への道」
http://ittokutomano2.blogspot.jp/

をとことん尊重する、というもの。学校は、子どもたちを規律であまりに縛り付けすぎている。でもそれは、実のところ子どもたちを自分では何も考えない「機械」にしてしまう教育である。

今井 これを日本語教育の文脈で再解釈すると、正しい日本語、正しい文法という規則を教師が一方的に押し付けてしまうと、学習者自ら考えるという機会や態度を奪ってしまう。学習者を尊重し、信頼し、教師の介在を減らして、多少時間はかかっても、学習者自らに考えるようにさせるべき、ということになると思います。

(2) ペスタロッチ

「理想の教師」として、今なお世界中で尊敬されている18、19世紀スイスの教育実践家・思想家ペスタロッチは、その生涯を貧民教育に注いだ人物だ。…ドリルを使った徹底的な反復学習…短期的には、確かにテストの点数はあがるかもしれない。…当時のヨーロッパで（も）一般的だった教育は…まさに、規律とドリル。それに対してペスタロッチは、…そんな教育は百害あって一利なしだと主張した。「生活が陶冶する」。これがペスタロッチの有名な教育理論。子どもたちは、日常生活においてさまざまな問題に関心を抱き、自ら探求したいと思う。どうすれば、もっと足が速くなるんだろう？どうすれば木登りがうまくなる？なぜ太陽はこんなに熱い？　この川の上流には何があるんだろう？　「学びたい欲求」を持たない子どもなんていない。だからそれを、教育の一番の根本にしようじゃないか。ペスタロッチはそう訴えたのだ。

今井 これはもう、そのまま日本語教育の場面と重なりますよね。徹底したオーディオ・リンガル式のドリル練習をしているところが多いですよね。ペスタロッチ流に解釈すると、そんな機械的な練習は無意味ということになります。学習者が学びたいことを学ばせる、そういうスタイルの授業にしていかないとダメだということになりますね。

(3) オットー・F・ボルノー

20世紀ドイツの教育哲学者、オットー・F・ボルノーは、教育者の最も根本的な資質として子どもたちへの「信頼」を挙げている。信頼は何度も裏切られるだろう。何度もうそをつく。何度言ってもけんかをやめない、宿題をしない…。そのため親や教師は、子どもたちへの信頼を失ってしまいがちだ。でも、

それでもなお、親や教師は子どもたちを信頼し続けるべきだとボルノーは言う。

今井　これも、日本語の教室にそっくりそのままあてはまりませんか。何度注意しても、遅刻してくる、予習してこない、宿題をやらない、中には教科書さえ持ってこない人もいる。単語が覚えられない。1学期かかってもひらがなが書けない。時間をかけて丁寧に導入したのに練習ができない。学習者に裏切られることのオンパレードですよね。それでも、教師は学習者への信頼をやめてしまってはいけないということですね。これは教師にとっては相当なチャレンジですよね。下手したら、自分のクラスにいる間、結局できないままということもあり得るんですね。それでもいいんだということですね。今できなくても、将来できるかもしれないじゃないか。いや、きっとできるようになる日がくるから、「あなたはダメだね」とか、「あなたは文法がわかってない」とか言って、学習者を切り捨てることはだけはしてはいけないということなんじゃないでしょうか。期末の成績をつけるとき、Dとか不可とかつけるのは心が痛みますよね。でも、それでもいいのかもしれません。Dだけど、もう一回頑張ろうよという温かい気持ちがあれば。でも、学習者にはそれは伝わらないでしょうね。Dだから、あなたには日本語学習に向いてないよ、ということでは決してないんですが、学習者はDというレッテルを貼られると、そう感じてしまいますよね。それって、すごく問題ですよね。毎回のクイズもそうかもしれません。毎回、低い点数を学習者に返すたびに、もしかしたら、学習者は「はい、あんたはダメね」と教師から言われ続けるように感じはしないでしょうか。

(4) コールバーグ

道徳教育の理論と実践で知られる20世紀アメリカの教育哲学者コールバーグもまさに、法やルールをただ「守る」段階から、「作りあう」段階まで子どもたちを支援する必要があると主張した。

今井　日本語教育における法と言えば、シラバスです。シラバスは教師と学習者の契約書です。そこには、このクラスに来れば、何ができるようになるのか、そのために学習者は何をしなければならないのか、そして評価はどのようにされるのか、な

どが書いてあります。それでよしとすれば、学習者はその授業をとり、もしそうでなければ、その授業はとらないでしょう。そのシラバスを普通は教師が準備して提示するわけですが、コールバーグなら、そのシラバスを学習者に作らせなさいと言うんじゃないでしょうか。ルールもそうですね。3回遅刻したら、1回欠席とか、10分遅刻したらテストを受けさせないとか、そういうルールも教師が、あるいは学校が決めて、学習者に「守らせる」ものですよね。それも、ゴールバーグなら、学習者に作らせたらいいじゃないか、ということになるでしょうね。よく、ニーズ・アナリシスと言って、学習者の学びたいことを調査・分析して、それをシラバスに反映させたりしますが、授業の方法、評価方法については調査しませんね。それは教師の特権だと思っているからでしょうね。つまり、学習者を信頼していないからですよね。本当に学習者を信頼し、尊重するなら、何を学びたいかだけでなく、どう学びたいか、そしてどう評価されたいか、いや、「される」じゃだめですね、どう評価したいか、についても学習者を尊重し、信頼し、学習者とともに作っていくということについて、真剣にというか、教師

が腹をくくって考えてみるべきですね。これも教師にとっては相当なチャレンジです。特に評価は教師の権威のよりどころです。もし、教師が学習者を評価しない、となったら、どうでしょう？「だれも私の言うことをきいてくれなくなる。」という不安が湧き出てきませんか。それでも学習者を信じてやれるか、という話ですよね。これはかなりきついですよ。でもですね、教師がうんぬんじゃなくて、教室での学習は、すべて学習者のためにあるわけですよね。だったら、教師の権威なんて、最初っから要らないし、むしろ、そんなものはあってはいけないんですよ！ さらに言えば、法やルールを笠に着た教師なんて、教室にいちゃいけないんです！！ 即刻、「教師」という概念を捨てないといけない！！！

── 今井先生、まあまあ…

今井 あ、失礼。ちょっと熱くなりすぎましたね。ふー…。教室に教師の概念は要らないという話は、またあとでしますね。ある国では、本当に学校から「教師」という言い方をなくしてしまったんです。もちろん、それでいて、しっかりと教育効果を上げています。さて、じゃ、続けましょうか。次は、あの古代ギリシャ

の哲学者プラトンです。

(5) プラトン

教育とは、視力を外から植えつける技術ではなくて、視力ははじめから持っているけれども、ただその向きが正しくなくて、見なければならぬ方向を見ていないから、その点を直すように工夫する技術なのだ。

今井 これにも、学習者への信頼を感じませんか。学習者が何かできないことがあっても、それが本質的にできないものであり、教師が与えるべき、教えるべきだとはソクラテスは考えていませんね。本来はできるのだが、今はできていない、だからできるようになるようにサポートすればいい、と考えたらいいんではないでしょうか。例えば、学習者が正しい答えを知らないという場合、教師が答えを教えるのではなく、答えに到達するようにサポートするということになるでしょう。

(6) イヴァン・イリッチ

1970～1990年代に活躍したイヴァン・イリッチ…は「学校なんてなくしてしまえ！」と訴えた。学校を廃止して、自分たちが本当に必要なことを、必要に応じて教え合い学び合える、学習のネットワークを社会に張り巡らせと。

今井 さっき、私は、教師の権威をなくしてしまえ、と、叫んでしましましたが、この人はさらに過激ですね。学校をなくしてしまえと言っているんですからね。確かに教室に一度も行かずに、日本にも行ったことがないのに、日本語能力試験のN1に合格する人が出てきていますね。そういう人たちはインターネット上のサイトで勉強し、スカイプなどで日本人あるいは学習者同士で会話をして、日本語をマスターしてしまうんですね。そういう人たちにとっては、時間的・空間的に拘束された日本語の教室なんて要らない。苫野さんは、それでも学校廃止には慎重で、「私自身は、学校の全面廃止は、子どもたちの教育の保障をかえって危うくすることになると考えている。」と言っています。さらに、次のように言っています。「『決められたことを、決められた通りに、全員一斉に』の教育は、すでに終わりを迎えはじめているのだ。」つまり、苫野さんは、==学校はあっていい、でも一斉授業はダメだと言っている==んです。日本語のクラスなんて、ものすごい一斉授業ですよね。みんな同時に教師の説明を聞き、一斉に理解することを求

められ、一斉に声を出して、声を合わせてコーラス練習をし、順番に、同じペースでパターンプラクティスをする。それがダメだとなると、どんな授業形態になるんでしょうか。一斉授業でなければ、個別授業ですよね。個別授業の塾とかありますし、日本語や英語でもマンツーマンのプライベートレッスンがありますよね。確かにそれは効果があるんでしょう。だからこそ、プライベートレッスンは高額になりますが、それでも需要はありますし、魅力的ですよね。近頃は、スカイプなどを使った、安いプライベートレッスンも出てきていますね。でも、あれは、プロの教師というよりも、英語圏の学生でーす、みたいなのがけっこう多いですね。

── やはり、プロの教師じゃないとダメですか。

今井 いや、そんなことはないでしょうが、かといって、単なるおしゃべり相手だったら、別にお金を払わなくてもいいんじゃないかな。さっきも言ったように、日本人のパートナーを見つけて、例えば、エクスチェンジ、つまり今日は日本語の時間、今日は中国語の時間みたいにしてお互いに勉強できますよ。

── あ、そうですね。いろいろ方法はありますね。

今井 で、普通の日本語学校でプライベートレッスンはしてくれませんよね。普通の日本語学校でそれをやったら、コストがかかりすぎて、すぐに学校が潰れてしまいます。

── ですよね。すると、やはりある程度、一斉授業はやらざるを得ないですよね。

今井 そうですか?

── えっ?そうじゃないんですか。

今井 普通の日本語学校でも、さすがにプライベートレッスンとは言いませんが、少なくとも一斉授業じゃない方法、それぞれの学習者に合わせた授業スタイル、教室活動スタイルは可能だと思います。

── いったい、それはどうやって?

今井 これも私の体験話で恐縮なのですが、大学生のときに、アメリカに1年間留学しました。そのとき、セメスターを通して、小学校で教育実習をしました。

── 英語でですか?

今井 はい。大変でしたが、いい勉強になりました。毎週1回小学校に行って、観察したり、取り出し授業で教えたりしました。そのときの授業が、私が今やりたいと思っている形態そのものじゃないかと最近、よ

うやく気づいたんです。

―― それはどんな形なんですか。

今井 その学校では、教室がオープンでした。教室間を隔てているのは本棚や低いロッカーだけで、隣の教室が見えますし、声も聞こえてきます。そして、教室の中にはテーブルや机でいくつかの島が作ってあります。そこにいろんな教材が置いてあります。算数や社会や理科や英語の教材などです。子どもたちはそれぞれの島に行って、グループごとに勉強をします。ある程度時間がたったら、次の島に移っていきます。一つの島にいるのは大体15分ぐらいです。その間、教師はいろんな島に行って様子をみたり、あるいは自分の机に戻って、作業をしたりしていました。こういうグループ活動が主で、ときどき一斉授業がありますが、それは、主に教師による本の読み聞かせでした。一斉に算数を勉強するなどということはありませんでした。私はときどき、進度が遅れている子どもたちをベランダに集めて補習をしました。

―― 随分と自由な雰囲気があったんですね。

今井 ええ、そうです。子どもたちはとてもリラックスして、自分のペースで勉強していました。中には、カーペットに寝っ転がって本を読んだりしている子もいました。教室内は静かで、寺子屋の絵みたいに混沌とした状態ではありませんでした。

―― なんかいい感じですね。

今井 ええ、いい思い出です。じゃ、そろそろ次に進みましょうか。

―― はい。お願いします。

(7) コンドルセ

コンドルセは、18世紀のフランス革命期に活躍した政治家であり、高名な数学者でもあった。そして何より、「公教育の父」とたたえられる人物だ。特筆すべきは、彼が男女平等の教育を、おそらく世界で最も早い時期に訴えたこと。…男だろうが女だろうが、貧しかろうが裕福だろうが、すべての人は等しく教育を受ける権利を持つ。このコンドルセの教育思想は、当時においてきわめて画期的な考えだった。

今井 ここから私たちが受け取るべきメッセージは苫野さんも指摘してますが、多様性を受け入れることですね。よく教師の間では、「このクラスは、レベルがばらばらでやりにくいなぁ。」とか、「非漢字圏の子は頑張ってもちょっとむずかしいかなぁ」とか、「単語覚えてきていない人がいるから、練習がやりにく

いったらありゃしない。」とか、「理解が遅い学生がいて、授業が予定通りに進まなくて大変。」などという愚痴めいたことを教師が言い合っていることがあります。そういう学習者がクラスの迷惑になっていると考えていいのでしょうか。学習者が主役ということは、できる学習者、まじめな学習者のみならず、あらゆる学習者が主役でしょう。教師にとって都合のいい人だけを主役にするわけにはいきません。多様性が邪魔になるのは、画一化された一斉授業をしようとするからです。それぞれの学習者がそれぞれのペースで学習しているなら、多様性はまったく問題になりません。

私は、統計の講習会を草津や石垣島で主催しているのですが、そこでは、まず、統計の知識を参加者に聞きます。

―― 草津と石垣島ですか。あ、口をはさんですみません、ちょっと気になったものですから。

今井 いえ、大丈夫ですよ。草津は温泉があってスキーもできますし、石垣の海はきれいで、シュノーケリングが最高なんです。

―― 統計の講習会…ですよね？

今井 はい。もちろんです。セミナーの前後に楽しんでいるんです。というより、楽しみたいからそういう場所を選んでいるわけですけどね。

―― やっぱり…

今井 まあ、人生、楽しまないとね。で、話を戻しますが、その講習会ではまず、統計の知識を参加者に聞きます。例えば、「相関って知っていますか？」とか、「分散分析って知ってますか？」とかですね。一応、初心者対象と謳っているんですが、ときどき、大学で統計教えてます、なんて人も混ざっているんですね。じゃ、どうしてわざわざ初心者向けの講習会に参加するのかを伺ってみると、これまでSPSSを使って来たんですが、Rでのやり方を知りたいから、とおっしゃるんですね。SPSSは有料の統計ソフトで、すごく高いです。一方Rは無料のソフトウエアです。私の講習会では、Rを使うんです。大学生や大学院生は在学中はSPSSを使えても、卒業したらSPSSは高すぎて手が出ないということがあります。ですから、誰でも無料で使えるRを使った方がいいからということで、その使い方を学ぶために講習会に参加なさるんです。その結果、参加者の統計の知識は随分とばらばらになります。そこで、参加者の知識を確認して、分かる人と分からない人を組み合わせ

るんです。そのペアがバディになって、助け合いながら私が準備した教材に従って学んで行くんです。

―― 教材に従って…。

今井 はい。参加者には分厚い教材が渡されます。それは、ソフトのダウンロードから始まり、いろんな統計をRでやる方法の解説です。それを各自のペースで自習していくんです。

―― 講習会だけど、自習なんですね。

今井 ええそうです。一斉授業じゃなくて、個人学習とピアラーニングの組み合わせです。

―― でも、大学で統計を教えているような人とまったくの初心者じゃ、あまりにも学習のペースが違っていて、やりにくいということはないんですか。

今井 大丈夫です。二人が同じペースで進めていくんじゃありません。それぞれのペースで進めて、やり方につまって、助けが必要になったときだけ、バディのヘルプを求めるんです。それに、教材にはちょっとした工夫があって、できる人、より深く勉強したい人用の学習項目を随所に入れてあるんです。できる人、勉強したい人はそこまで詳しくやればいいし、初心者なら、そこはスキップして先に進めるように設計してあります。こういう工夫をしているので、ある程度、ペースの調整ができるようになっています。

それから、==できる人ができない人に教えることは、できる人の理解を強化する効果があります==。それに、それが統計の先生なら、学習者がどんなところでつまずくのかを知る、いい機会にもなるわけです。

―― そうですね。できる人ができない人に教えるというのは、無駄ではないんですね。

今井 はい。一旦、バディ同士の信頼関係ができると、できない人も安心して学習を進めることができるようになります。

―― あのー。

今井 はい？

―― その講習会での今井先生の役割は…？

今井 お茶を飲むことですかね。

―― えっ？ちょっと待ってください。

今井 お茶を飲みながらみなさんをモニターしています。そして、二人で解決できないことがあったら、私に聞いてもらうことにしています。でも、私に実際に質問する回数は少ないですね。二人で解決できないと、自然に隣のペアに質問します。さら

に、ネットで調べることも推奨しています。

—— 参加者自身に、ネットで調べさせるんですか。それだと、別に講習会に参加しなくても、自分で勉強できるんじゃないですか。

今井 ええ、そうです。それこそ、自律した学習者ですね。この講習会も最終目標はそれです。自分自身で学んでいける方法、それを講習会で身に付けてもらいたいんです。で、話を質問のことに戻すと、手を尽くしても分からないと、TA つまりうちの院生に質問します。実は、うちの院生も講師役として参加しています。とどのつまり、私まで回ってくる質問は1日に数回ですね。それでも参加者は、色んな質問に答えてもらって、充実したという感想を持つようです。明らかに勘違いなんですけどね。でも、考えてみたら、講義を受けたり、学会に参加したりして、質問するという機会はとても少ないですよね。例えば、学会に1日参加して、何回質問しますかね。ほとんどの人は質問を1回もしないで帰るんじゃないでしょうか。授業ではどうでしょうか、1回の授業で学生一人あたり何回質問するでしょうか。全員の質問回数の合計ではなく、ある学生一人です。驚くほど少ないはずです。このように普段、ほとんど質問する機会のない人が、ほんの数回質問しただけで、色んな質問ができ、それに答えてもらったと思うのは、普段と比べての相対的な感覚なんですね。ということで、私はけっこう時間があるので、お茶を飲みながらゆったり過ごすわけですよ。

—— まさしく、教えない教え方を地で行っているんですね。

今井 そして、その講習会は有料ですから、ほとんど何もしないで、懐が温まります。

—— うーん、ちょっと、何というか…

今井 詐欺っぽい？

—— いや、詐欺とは言いませんが、何も教えてくれない講習会に、わざわざお金を払って行くんですかね…それに、何も教えないことに、罪悪感は…

今井 まず、罪悪感は微塵もないですね。たぶん、教師という職業についている人は教えること、つまりは、教師が懇切丁寧に説明することによって報酬をもらうものだと思っている人が多いんじゃないでしょうか。でも、教育の本質は、何度も繰り返していますけれど、学習者をいかに成長させるかなんです。教師が話そうが、話すまいが、学習者の成

長量によってこそ、教育の良し悪しが判断されるべきなんです。なのに、そこではなくて、教師が疲れるぐらい熱心に説明し、教えることで責任を果たそうとする。私から見れば本末転倒ですけどね。私は、そんな欺瞞はいやです。私は、「暇ですよ」オーラを出すために、あえて参加者、学習者の前でお茶を飲みます。すると、参加は、質問でもしてみるか、暇そうだからしょうもない質問でもいいだろう、という風に考えるのか、とても自由な質問がきたりします。そんな質問が私は楽しいですね。正解のない、答えようのない質問、それこそが私の知的好奇心をくすぐりますね。

それから、何も教えないわけではないんです。質問があったら、なんでも答えます。ただし、当然ですが、私にわかる範囲でなんですけどね。でも、教材に書かれているようなことは、さっき言ったように、たいてい、バディで解決できてしまうんですね。ですから、私への質問は、しょうもないと質問者が思っていて、実は私にとっては楽しい質問のたぐいか、一般的ではない、個人に特化した質問になります。例えば、自分がやりたい研究ではデータはどうやって集めたらいいか、というようなのが、一番多いですね。

―― <u>真正性のある質問</u>ですね。

今井 その通りです。教材にあることではなく、自分自身にとって一番知りたいことですよね。統計をある程度学んでからそういう質問をしてきます、こちらも参加者がある程度学んだ統計のことを引き合いに出して説明できるので、それで、学んだことを自分のことに引き寄せて理解し、実際に使えるようになるんです。そこまで行って、本当に役に立つ勉強と言えますね。

―― そういう時は教えるんですね。

今井 ええ。この段階になると質問が増えます。こんなことまで聞いてもいいですか、と遠慮がちにではありますが、いろんなところに拡張していきます。そして、自分自身にとってのリアルな課題について、芋づる式に質問が出てきますね。でも、はい、これが答えです、みたいな提示はしません。一緒に考えながら答えを探すというスタイルです。

―― よく分かりました。できる人とできない人がいても、一緒に学んで、ともに成長するということができるんですね。

今井 そういうことです。これも一斉授業でないからこそ、そして、教

材の中でやることも人によって異なるからこそですね。参加者には感想を書いてもらって、私のホームページでありのままに公開していますから、ぜひ、読んでみてください。
—— 全部公開するというのは、やはり、自信があってのことなんでしょうか。
今井 いえ、そんなことはありません。いただいたフィードバックはそのまま全部公開することにしていますから。じゃ、次に行きましょうか。

(8) ミッシェル・フーコー

20世紀のフランスの思想家、ミッシェル・フーコーはこんなことを言っている。学校とは、子どもたちが権力に従順になるよう、規律を与え、訓練するところであると。

今井 教師中心の教育はフーコーが危惧した通りの結果を招きます。教える内容を決め、教え方を決め、評価方法を決める教師には権力が宿ります。そして、教師が練習や教室活動を主導すればするほど、学習者は自ら学ぶという意欲・態度を失っていきます。もっと強い言葉が許されるなら、教師が学習者の自ら学ぶ意欲・態度を奪うのです。そうならないように、教師の権力は放棄して、学習者を巻き込んで授業計画を立て、授業をし、評価をしたらいいでしょう。
—— でも、授業が始まる前に、授業計画を立てるんじゃないんですか。
今井 その通りです。でも、私は、それは仮のものでいいと思います。授業が始まってから、学習者と一緒にその計画、シラバスを修正していけばいいと思います。
さて、次は18〜19世紀のドイツの哲学者ヘーゲルです。

(9) ヘーゲル

私たちは何とか人との関係において自分の価値を見出したいと思うようになる。…「相互承認」の精神こそが、人間精神の最高境地。

今井 教えない教え方ではこの相互承認ということがとても大事になります。というのは、教師がわき役に徹して学習者が主役になるクラスでは、学習者同士の助け合いの精神、できる学習者もできない学習者もお互いを認める精神、それがないと教室活動が成り立たなくなってしまうからです。==相互承認される環境では、だれも間違いを恐れず、自由にコミュニケーションでき、かと言って==

独善的にならないで互いを尊重する、理想的なコミュニティになるんです。

—— そこには変なプレッシャーもなく、楽しく勉強できるんですね。

今井 ええ、そうです。前に、教室をオアシスにたとえましたが、教室は安全地帯であり、快いコミュニティなんです。

（10）モンテッソーリ

20世紀イタリアの教育思想家・実践家のマリア・モンテッソーリ…規律は自由を通して生じなければならない。ここに公立学校の方法の信奉者が理解しにくい重要な原理がある。

今井 規律は何も服装や時間を守ることなどの規則だけではありません。また、子どもだけではなく、教師に対する規律もたくさんあります。子どもの自由が必要以上に制限されているのと同様に教師の自由も制限されています。私は大学を卒業してから、高校で国語の教師をしていましたが、4年でやめて、日本語教育の道に進みました。

—— 例の女子高ですか。

今井 はい。正確には、同じ学校法人の中で、女子高校に2年、男子高校に2年勤めました。いずれも大きな学校でしたから、複数の教員で1学年の授業を分担して担当しました。複数の教員で分担すると、テストや進度を平等にしないといけないということがありました。何をどの程度、どんな順番で教えるかということも統一しなければいけませんでした。すると、指導要領というものがあって、それに従って教えていくことになります。それを3年繰り返すと、また、もとの学年の担当になり、同じことを繰り返します。その単調さに私は我慢がなりませんでした。決まったことを決まった通りに教える。まさに一斉授業の鑑みたいなものでしたね。それに引き換え、そのとき、頼まれて、自動車工場の外国人マネージャーに日本語の個人レッスンをしていました。そして、日本語教育は素人でしたから、日本語教育についていろいろ調べました。そしたら、日本語教育の世界が輝いて見えたんです。何しろ、文型導入なんていうのは、教師の数ほどバラエティがあって、教科書を教えるんじゃない、教科書で教えるんだという言葉にもショックを受けましたね。それまでは、いかにして教科書から逸脱しないで、他の教師とペースを揃えるかに気を使っていたわけですから。

―― なるほど、全然方向性が違っていたんですね。

今井 そうです。それで、高校をやめて、大学院に入って、日本語教育について学ぶことにしたんです。その後、しばらく楽しく日本語教育を続けていたんですが、大きな組織に入ると、また窮屈に感じるものがありました。

―― 窮屈ですか。それはどんなところに？

今井 はい。教科書を教えるんじゃないとは言われるものの、曜日ごとに担当者が変わる授業では、毎日の担当のページが決められています。すると、自由度が下がるんです。結果として、教科書をなぞるような授業になってしまうんです。もちろん、教科書の順番通りにやらなくても、また、最初は教科書を見ないで練習することもできるんですが、1コマでカバーする範囲が決められていますから、結局のところ、誰がやっても同じ内容になってしまいますよね。まあ、時間が余ったら、自分だけのオリジナルの活動もできますが、だいたいは時間通りに内容を消化して終わり、ということになります。また、ちょっと油断すると、その日のうちにカバーすべきところが終わらずに、申し訳ない思いで、次の担当者に申し送りをすることになります。また、チームの中に、割と自由に授業を行う先生がいると、予定通りに進まないことが多くなり、他の先生にしわ寄せが行きます。本人は割と楽しく授業をやっていても、周りの教師が尻拭いをしなければなりませんから、これは相当にストレスが溜まります。

このように、最初は自由に見えた日本語教育ですが、組織になると、規律が多くなって、自由がなくなってしまっています。組織が大きくなればなるほど、その傾向は強まるようです。

―― でも、組織から離れるとなると、フリーでやっていくしかないですよね。組織の中で折り合いをつけて、うまくやっていくことはできないんでしょうか。

今井 それは、私には辛すぎますね。1, 2年は我慢できたとしても、それ以上はきついですね。

―― じゃ、どうしたらいいんでしょう。

今井 話はいたって簡単です。組織を変えるか、自分がやめるかです。

―― 組織を変えるんですか？

今井 組織の人事を一新するとかいう話ではありません。組織の人たちと話し合い、==教育の本来のあるべき==

姿に近づけるために何をどうすべきか、共通認識を持つことが大事です。このときも「相互承認」の精神が必要です。まずは、現状を認め、互いの立場を認め、問題・課題を共有し、理想を共有し、改革の方法を考え、現場に落とし込んでいく。これらを対話を繰り返しながら、丁寧に進めていくことが肝要だと思います。よく、先生方から、特に非常勤の先生方から、今のままではよくないと思っている、でも、自分の立場じゃ何もできないから、というような諦めの声を聞くことがあります。確かに、一人では何もできません。時間と手間がかかることではありますが、とにかく対話を続けるしか道はない、将来はないと思います。

―― 聞いているだけでも、先が長そうだなと思います。でも、誰かがスタートしないとその長い過程は始まりもしないんですよね。

今井 ええ、そうです。誰かが始めないと。

―― それが、ファースト・ペンギンと呼ばれる人なんですね。

今井 ええ、そうです。もちろん私もその一人になる覚悟はできていますが、それぞれの人がそれぞれの職場でファースト・ペンギンになってくれることを願っています。

(11) エマソン

19世紀アメリカの思想家エマソン…子どもの教育には、疑いなく、まれに見る忍耐力が必要である。魂が持つ、矯正力に対する信頼という忍耐が。

今井 待つことの大切さについてはすでに説明しましたよね。

―― はい。確か、実習生は学習者の沈黙が怖くて、待つことができずに、ついつい教師主導の説明をしてしまうのでマスクをつけさせるということでしたよね。

今井 さすが記憶力がいいですね。エマソンが言っているのは、単なる忍耐力ではありません。「まれに見る」忍耐力が必要だと言っています。学習者の沈黙が10秒ぐらいならまだしも、それが、20秒、30秒、ましてや1分を超えてくると、それを待つのはとても辛いことになります。ですから、まれに見る忍耐力が必要となるんです。そして、なぜ、待てるかというと、学習者自身が持っている、自己修正能力を信じるからです。ボルノーが、教育者の最も根本的な資質として挙げた「信頼」につながりますね。学習者を強く信頼すればするほど、教師の忍耐力も強くなります。裏を返せば、待つこ

とのできない教師は、学習者を信頼していない教師です。口ごもる学習者を間髪を入れずに助ける教師は、表面上は優しい先生に見えるかもしれません。しかし、そういう教師は、心の底では、学習者を信頼しきれていないのです。だから、教師としての表面的な振る舞いとその受け止められ方が気になるのです。ノルマの消化、直近のクイズの成績、学習者による授業評価が気になって仕方ないのです。それは教育者としての本質を見失った、教師ロボットと言ってもいいでしょう。教師ロボットは予測、計算しやすい、直近の結果のみを基準にして、効率化を図るんです。

―― 相当、手厳しいですね。

今井 はい。自戒も込めて言っています。自分も日々、教師ロボットになってしまう誘惑と闘っています。そして、ときどき誘惑に負けてしまっています。それじゃ、いけないんです。決められた制約の中で自分ひとりでもがいていても、たかが知れています。根本的に、そして制度的に改革していかないと、現場の教師は終わりのない闘いに疲弊していくだけですから。

（12）シュタイナー

20世紀の万能の天才、シュタイナーは、極めてユニークな教育思想家・実践家でもあった。…「知性」が優位になるのは、さらにその次の（15歳ごろからの）7年間だ。この時期になってようやく、子どもたちは知的なものへの強い関心を抱き、それを自ら成長させたいと思うようになる。

今井 シュタイナーは子どもの年齢に合わせて教育内容・方法を変えるべきだと主張しています。大人相手の日本語教育の場合には直接の示唆を得られませんが、青年期には「知的なものへの強い関心を抱き、それを自ら成長させたいと思う」というのは間違いないでしょう。翻って、日本語教育で使われている、初級の教科書の内容はどうでしょうか。知的関心を満足させるものになっているでしょうか。だれだれが、何時に起きて、食堂で何々を食べた、みたいな文の練習が多すぎませんか。文型を教えるという目的があるので、敢えて、分かりやすい単語、文を使っているというのは一理あります。しかし、それが多すぎたり、さらにはそんな文を使っての機械的な練習に終始したりしてはいませんか。応用・発展練習は時間が足りないので省略

する、なんてことをやっていませんか。それじゃ、ダメです。==無味乾燥な機械練習は最小限に留め、学習者の知的レベルに合わせた、中身のあることをやらないといけない==でしょう。極端な話、いままで30分かけてやっていた口頭練習は5分以内に終えるぐらいに短縮しないと、中身のある活動はできません。一般的に、中身のある活動の方が機械的な練習よりも時間がかかるものですから、十分な時間を取るためには、機械的な練習を極端に減らすことが必要なのです。もはや、ちょっと駆け足でやりましょう、などというレベルではなく、根本的にやり方を変えないと、いけないでしょう。

(13) デュルケーム

19〜20世紀の社会学者デュルケームは、自分より劣っているとみなしている者（子ども）に対して、人はつい尊大になる。だから、その子が生意気な態度をとったとき、自尊心が傷つけられてカッとなり、思わず手が出ることがある。しかし、教育者として、そんなに情けない話があるだろうか。

今井 これを、日本語教育の文脈で、次のように言い換えたらどうでしょうか。

「自分より日本語が劣っているとみなしている学習者に対して、教師はつい尊大になる。だから、その学習者が、宿題をしてくるように言ってもしてこなかったり、準備するように言ってもやらないでクイズで0点を取ったりしたとき、自尊心が傷つけられてカッとなり、思わず、単位がとれないぞと言っておどすことがある。しかし、教育者として、そんなに情けない話があるだろうか。」

どうですか、当たらずとも遠からずという感じがしませんか。

—— 確かに。なんとなく当てはまっている感じがしますね。

今井 それから、教師が学習者のことを「あの子」というように呼ぶのも気にかかるんです。

—— 例えば、「あの子は遅刻が多い。」みたいにですか。

今井 そう。相手が大学生や大学院生でも、教員同士で「子」って呼び合うことがありますよね。あれって、やめた方がいいと思うんです。

—— 子ども扱いしているからですか。

今井 ええ。研究室の指導教員が大学生、大学院生を「子」と呼ぶことはあまりないと思うんですね。でも、日本語教師にはけっこう多い。それって、相当失礼なんじゃないかと

思うんです。もちろん、学生の前ではさすがに使わないと思いますが、「子」と呼んでいるときは、学生を下に見ている気持ちが見え隠れしますよね。単に、日本語がまだよくできないからということだけで。

—— ええ、そうですね。確かに、そんな風にも聞こえますね。

今井 日本語ができないのは当たりまえ。だからと言って、その人が劣っているということにはなりませんよ。もうちょっと気を付けたいですね。

—— ええ、そうですね。

(14) デューイ

このたびは子どもが太陽となり、その周囲を教育のさまざまな装置が回転することになる。子どもが中心となり、その周りに教育についての装置が組織されることになるのである。（アクティブ・ラーニングの）一つの源流というべきなのが、20世紀の教育哲学者ジョン・デューイだ。この一説は、世界中の教育に革命的影響を与えたデューイの著書「学校と社会」から引いた。多くの人はそれまで、子どもたちに決められたことを、決められた通りに勉強させるのが教育だと考えていた。教科書やカリキュラムこそが教育の中心であって、子どもたちはそれをただ吸収していけばいいと。100年以上も前、デューイは、この関係をひっくり返さなければならないと訴えた。学びの主役は子どもたち自身。その興味・関心や生活経験を無視した教育は、実は非効率だし、実生活にもあまり役立たないものだ。

今井 デューイの主張そして苫野さんの解説は100％私の考えと同期します。デューイの唱えた、「教育におけるコペルニクス的転回」を日本語教育で起こしていくことが必要でしょう。天動説が間違いで、地動説が正しいということを知識としては理解していても、それを実感することが難しいのと同様、ほとんどの教師が学習者が学びの主役であり、教師主導の知識伝達型は間違っているという知識は持っているでしょう。しかし、それを実行に移す段になると、大人の事情のようなものを持ち込んでしまいます。日本語教育では、よく、「わかる」と「できる」は違うんだと言われます。ですから、Can-doに従って、何がわかったかではなく、何ができたかを評価の指標にしたりします。それは、教師の教え方でも同じことではないでしょうか。教師が頭ではわかっていても、それを現場で実行しないなら、それ

は「できる」という指標ではどうなるかはお分かりでしょう。

――　なかなか厳しい現実ですね。

今井　そうですね。理解のレベルではなく、実行レベルでのコペルニクス的転回が必要ですね。

(15) ルソー

万能の天才、ジャン＝ジャック・ルソー。教育学不朽の名著『エミール』を著し、『社会契約論』はその後のフランス革命の導火線になった。…人間は、誰もが自由で平等であるのが「自然」なはずだ。にもかかわらず、この社会には不自由と不平等という「不自然」が蔓延している。教育がそれを変えなきゃいけない。教育によって、すべての人が自由で平等になれる社会を作らなければならないのだと。絶対王政の時代、これは驚くべき危険思想だった。だから『エミール』は禁書になった。ルソーら民主主義の哲学者たちは、現代社会や教育の礎を、文字通り命懸けで築き上げたのだ。

今井　「文字通り命懸けで築き上げたのだ。」というところなんか、苫野さん、随分、熱が入っていますね。きっとルソーの思想がお好きなんでしょうね。とはいえ、苫野さんも触れていますが、ルソーは私生活ではあまりまともではなかったみたいです。子ども時代に虐待を受け、若くして放浪生活をし、盗み癖、虚言癖、被害妄想があり、仕事も長続きせず、結婚もせず、パートナーとの間に5人の子どもを設けましたが、子どもを養う経済力がなくて、5人とも孤児院に入れました。天才ではありましたが、幸せな人生であったかどうか？そのルソーが言う、すべての人が自由で平等になるためにこそ教育があるというのは、大変重い言葉だと思います。日本語教育も、教育と言うからには、それを目的にしないといけないのでしょう。でも、そこまでの意識を持っている教師はどのくらいいるでしょうか。文法を教え、作文を添削し、テストで評価する毎日の中で、自分のやっていることは自由と平等のためだ、と言える人はどのくらいいるのでしょうか。

――　今井先生は、どうですか。

今井　私も、まだまだダメです。自由と平等のためだということは意識はしています。でも、私のクラスに出席している学生たちが、私のクラスで、自由と平等を意識できたかと言えば、まだまだです。おそらく、扱うトピックが言語に片寄っているのが、主な原因です。例えば読解教材を選ぶとき、学習者のレベルに

合っているか、語彙・表現などが適度に入っているかなどの観点で選んでしまい、自由と平等を喚起できるか、というような視点では見ていません。もっと、その点を意識化しないといけないと反省しています。それから、日本事情という文化、社会を扱う授業であっても、社会的な問題はまだしも、政治的な問題、宗教的な問題は、日本語教育の現場では暗にタブーとされていないでしょうか。私は、以前、領土問題を日本人と留学生が混在するセミナーで取り上げたことがありました。大変興味深い結果になったので、その後、同じテーマで大学の授業で実施しようと思ったら、圧力がかかって実施を断念したことがあります。あのときは、まだ、准教授で、昇進のための人事評価も気になるときでしたから、あらがったりはしませんでしたが、今は曲がりなりにも教授ですから、そんなに恐れることはなくなりましたので、いろんなことに挑戦していきたいですね。

── そうですか。応援します。でも、あまりやり過ぎると、組織の中でやりにくくなったりしませんか。

今井 そうですね。私の妻はいつも私に常識的に生きなさいと言っています。私も子どもにも人並みな生活をさせてやりたいと思うので、ルソーみたいにはなれないし、なりたくもありませんので、妻の許す範囲でやって行きたいとおもいます。

── 奥様思いなんですね。

今井 いえ、ただ、妻に完全にコントロールされているだけです。尻に敷かれるってやつですよ。この前も、「所詮あなたは私の手のひらで転がされているだけなんだから。」と言われました。

── なるほど。勉強になります。

今井 げっ。

（16）ジョン・ロック

17世紀イギリスの哲学者…当時一般的に行われていた知識の「詰め込み」をできるだけなくし、子どもたちの興味・関心を引き出しながら教育することを説いた。

今井 日本ではかつて、詰め込み教育が批判され、ゆとり教育へと変わりました。ちょうど、私の上の二人の子どもたちが小学生のころです。宿題がありませんでしたし、うちの子たちは塾にも行っていませんでしたから、時間がたっぷりあって、自由にしていました。ところが、ゆとり教育になってから、学力が落ちたと言われて、また、もとに戻って学

習量が増えてしまいました。ただ、前と同じような暗記中心の詰め込みでは意味がないので、「生きる力をはぐくむ」教育と言われます。ただ、そういわれても、よくわからないのですが。

―― 私もゆとり世代なので、冗談っぽく、馬鹿にされることがありますよ。何か分からないことがあったりすると、「ああ、ゆとりだからな。」みたいに。

今井 ゆとり世代の方がいい仕事、面白い仕事ができると思いますよ。阿部さんは、間違いなく、いい仕事していますよ。私の担当編集者として、手綱をうまい具合に締めたり、緩めたりしながら。

―― いえいえ、そんな。恐れ入ります。

今井 私は仕事でも女性にコントロールされてしまっているんだぁ。

―― さあ、それはさておき、本題に戻りますよ！

今井 そうですね。で、ロックも詰め込みを批判したのですが、日本語教育の現場にいると、これってまさしく詰め込みだよなぁと思うことがあります。例えば、チームで教えていると、授業記録を書いて、次の教師に引き継ぎをしますが、そのときに、どこどこが「終わらなかった。」「積み残した。」「定着していない。」という書き方を見ると、時間内で学習項目を必死で詰め込んでいる教師像が見えてしまうんです。ノルマとなっている学習項目を消化することに血道を上げるのはどうかと思います。もっと、ゆとりがないと、それこそ定着はしないと思いますね。

―― 短期的にテストの成績を上げるなら、確かに詰め込みの方がいいかもしれませんね。例えば、テストの前の一夜漬けのように。でも、長期的にみると、人に与えられ、詰め込まれた知識って、けっこう忘れてしまいそうですよね。ちょうど、一夜漬けでテストが終わったらすぐに忘れてしまうみたいに。

今井 まさしく。浅い知識として覚えても意味がないんですね。それを自分に取り込んで、深い学習をしないといけないですね。

―― タブラ・ラーサは、ロックが言ったんでしたっけ？

今井 おお、よくご存じで。

―― 受験勉強のときに覚えて、これだけは、今でも忘れないですね。

今井 へー、ロックの思想に感銘を受けたとかですか？

―― いや、そんなんじゃなくて。あの頃覚えた語呂合わせが忘れられなくて。

今井　語呂合わせって言うと、鳴くよウグイス平安京[5]みたいなのですか。

――　そうです。ロック音楽はタブラーでサラサラ鳴り響く。

今井　あれっ？そんな覚え方ありましたっけ？ちょっと無理しているような。

――　あ、そうですか、やっぱり。これ、私のオリジナルなんです。

今井　あ、そうなんだ。失礼しました。でも、いいと思いますよ、無理だろうがなんだろうが、自分で作ったものの方が、人から教わるよりも確実に記憶に残りますから。現にこうして、今でも覚えていますしね。

――　ですよね。でも、タブラ・ラーサって何でしたっけ？

今井　ありゃ、そこは覚えていないんだ。

――　へへ、すみません。

今井　昔使われていた小さいノートのような黒板に何にも書かれていないこと、つまり白紙状態を表しているんです。ロックに言わせると、人もそうなんだと。何にもないところから スタートして、経験を通していろんなことを学んでいくという考え方のたとえです。日本語教育もそうかもしれませんね、特に初級は。ひらがなもカタカナもわからない白紙に、日本語でいろんなことを経験させ、日本語の使い方を書き込んでいくわけですね。教師の責任は重大ですよね。学習者にはそれぞれに必要で本当に役立つ日本語を書き込んでいってもらいたいですね。

――　そうですね。先生、これで16人ですね。

今井　ええ、そうですね。どうでしたか、結局、皆、似たようなことを言っているということに気づきましたか。

――　はい。今井先生が言っている「教えない教え方」と同じですよね。学習者を尊重し、学習者を中心にするということですよね。

今井　その通りですね。結局はそういうことになりますね。私の主張は、もう何世紀も前から言われていることと重なります。ちっとも新しくなんかありません。ちょっと考えれば誰でも腑に落ちる、ごく当たり前のことを言っているに過ぎません。どんな教師でもそれにうすうすは感じているはずです。

教師のレゾンデートル

――　それなのに、教師主導の教え方に固執するのはなぜでしょうか？

5　794（年）をナクヨと読んでいる。平安京は現在の京都市に作られた都市。

今井 やはり、教師が教師の座から降りるのが怖いからだと思いますよ。フランス語でレゾンデートル(reason d'etre)というのがあります。日本語に訳すと「存在理由」ですが「存在価値」とも言われます。学習者主体にするというのは、これまで何度も説明してきた通り、教師主導でなくするということです。教師の権威を捨てるということです。教師が教師でなくなること、そのことに職業教師は不安を覚えざるを得ないのでしょう。しかし、教師の存在価値よりも先に、教育の存在価値を問うてほしいんです。学習者の成長が教育の目的であり、存在理由、存在価値であることは誰も否定できないでしょう？　なら、もう、答えは出ていますよね。学習者が育つのを手助けするのが教師だということは。そして、学習者は一人ひとり違うんだから、教師主導の一斉授業なんて原理的にできないし、しちゃいけないって、わかるじゃないですか。

―― 確かに。そう考えると、「教えない教え方」の方が筋が通っていますよね。

今井 でしょう？　教師とかteacherとかいう名称に引きずられてしまうのかもしれませんね。いっそのことそんな呼び方はやめて、コーディネーターとかファシリテーターとか、サポーターとかにしちゃえば、ちょっとはしがらみから解放されるかもしれませんね。自分としては、サポーターっていう呼び方がいいかな。それも、あまり頼りにならないサポーター。

―― サポーター、いいかもしれませんね。

今井 でしょう？　この本の著者紹介のところでも、日本語サポーターって書いてくれません？

―― あ、それは…おっしゃる意図には賛同しますが、それだと、説明が必要というか…あ、そうそう。これ、ぜひ伺いたいのですが、今井先生が一番好きな哲学者は誰ですか。

雨ニモ負ケズ

今井 あ、はぐらかされちゃいましたね。えーとですね、16人の中には入っていませんでしたが、ディオゲネスかな。アテネでソクラテス、プラトン、アリストテレスといったそうそうたる哲学者と同じ時代を生きた人です。ソクラテスの孫弟子ですが、ソクラテスの弟子であるプラトンのことは馬鹿にしていました。そういえば、アリストテレスもプラトンの生徒なのに、プラトンのことを否定してましたね。そんなもんで

「教えない教え方」

すよ、哲学者とか、教師とか、大学教授なんていったって、ちょっと変わったことを言うと、批判されるし、否定されるし、馬鹿にされるし。でも、いいんですよ、別に。ミンナニデクノボート呼バレ　ホメラレモセズ　苦ニモサレズ　サウイウモノニ私ハナリタイ、ってなもんですよ。

——　あ、すみません。話、だいぶずれちゃっているんで、戻していいですか？どんな人だったんですか。そのディカプリオの親戚みたいな名前の人？

今井　ディオゲネスね。犬みたいな暮らしをしていたので、犬儒派と呼ばれていました。

——　えっ、犬ですか？

今井　そう。ホームレスみたいにして、財産も、地位も、法律や社会的な慣習も否定して、自然であること、自由であることをよしとしました。家もないし、何にもなくて、物乞いをしていたので、犬と呼ばれていたのです。

——　完全な自由人というか…

今井　そうなんです。ほら、この絵見てください。その当時、ワインを入れる壺がそこら中に転がっていたので、それをねぐらにしていたみたいです。

今井　この絵からも想像がつくように、たぐいまれな変人だったんですね。例えば、女性はくどいてものにすればよくて結婚しなくていいとか、女性は共有されるべきだとか…

——　いえ。今は、それ以上の説明、けっこうです。相当やばそうなんで。

今井　あ、そうですか。じゃ、この話はまた今度、お酒でも飲みながら。酔っぱらわないと言えないようなこともありますから。

——　あぁ、はい。じゃ、いつか…。

今井　あ、無理しないでくださいね。なんとかハラスメントとかになると困るので。

——　あ、じゃ、無理しません！

今井 あぁ、そう。お後がよろしいようで。

―― いや、べつにそういうわけではないんですが、そろそろ私も帰らないと。時間も時間ですし。

今井 ですよね。ついつい話すぎちゃってすみません。でもね、本当はもう一つ爆弾発言があるんです。

―― それ、今日聞かないといけませんか？

今井 そんなことはありません。でもね、あれ、話したくてしょうがないんですよ。ちょ、ちょっとだけ、いいですか？

―― あ、そうですか。本当にちょっとだけですよ。15秒で。準備いいですか。よーい、スタート。

今井 あ、あ、はい。えーと、今、人工知能の研究やってます。えー、AIで日本語の先生作ってます。超かわいいです。えーと、はやりのディープラーニング使ってます。あと、学習者の間違いを直してくれます。っていうか、それ目指してます。一応プロトタイプはできました。あと、強化学習というのが…

―― チーン！　はい、そこまで。

今井 あっちゃー。

―― 人工知能使った日本語教師ですか？

今井 ええ。

―― それはまた、かなりすごそうですね。

今井 でしょう？　もう少し、お話ししましょうか。

―― いや、今日は、やめときます。なんか、エンドレスになってしまいそうなんで。

今井 エンドレスなんてことはありませんよ。「明けない夜はない。」って言うじゃないですか。この出典、知ってます？　シェイクスピアの『マクベス』でして、英語だと、もっとかっこいいんですよ。The night is long that never finds the day.

―― あ、先生。本当にもう今日は、大丈夫ですから。私これで失礼しますね。おじゃましました！（礼！）ありがとうございました！（扉バタン）

今井 …。

解答

第1章

1. ①4拍　　②4拍　　③4拍　　④5拍

   日本語の「ストライク」は5音節5拍ですが、英語のstrikeは1音節です。

2. ①声門　　②声帯　　③有声音　　④無声音　　⑤調音点

3. ①c　　②b　　③a　　④d

   [ɯ̃] は「わ」の口の形をした鼻母音

4. ①d　　②a　　③d　　④b　　⑤b　　⑥c　　⑦b

5. ①b　　②a

6. ①あつい　　　熱い/暑い　　　あつい　　　厚い
   ②にほん　　　日本　　　　　にほん　　　二本
   ③くるまでまつ　来るまで待つ　くるまでまつ　車で待つ
   ④しんだいしゃ　寝台車　　　　しんだいしゃ　死んだ医者

7. ③と⑥と⑦

第2章

1. a. 加→か、b. 以→い、c. 末→ま、d. 和→わ、e. 保→ほ

   漢字を簡単にした字は草書と呼ばれます。それがひらがなになりました。

安あ	加か	左さ	太た	奈な	波は	末ま	也や	良ら	和わ	无
安あ	加か	左さ	太た	奈な	波は	末ま	也や	良ら	和わ	无
あ	か	さ	た	な	は	ま	や	ら	わ	ん
以い	機き	之し	知ち	仁に	比ひ	美み		利り	爲ゐ	
い	き	し	ち	に	ひ	み		り	ゐ	
宇う	久く	寸す	川つ	奴ぬ	不ふ	武む	由ゆ	留る		
う	く	す	つ	ぬ	ふ	む	ゆ	る		
衣え	計け	世せ	天て	祢ね	部へ	女め		礼れ	恵ゑ	
え	け	せ	て	ね	へ	め		れ	ゑ	
於お	己こ	曽そ	止と	乃の	保ほ	毛も	与よ	呂ろ	遠を	
お	こ	そ	と	の	ほ	も	よ	ろ	を	

285

2. a.阿→ア、b.伊→イ、c.宇→ウ、d.江→エ、e.於→オ

ア阿	イ伊	ウ宇	エ江	オ於
カ加	キ機	ク久	ケ介	コ己
サ散	シ之	ス須	セ世	ソ曽
タ多	チ千	ツ川	テ天	ト止
ナ奈	ニ仁	ヌ奴	ネ祢	ノ乃
ハ八	ヒ比	フ不	ヘ部	ホ保
マ末	ミ三	ム牟	メ女	モ毛
ヤ也		ユ由		ヨ與
ラ良	リ利	ル流	レ礼	ロ呂
ワ和	ヰ井		ヱ恵	ヲ乎
ン尓				

3. 語彙

4. ①基本語彙 ②基礎語彙 ③基礎語彙 ④理解語彙 ⑤使用語彙

5. ①延べ　　　　②異なり

6. a. 混種語　　b. 混種語（番「ばん」は音読み、組「くみ」は訓読み）
　c. 混種語（夕「ゆう」は訓読み）　　d. 混種語
　e. 外来語（英語のzigzagから）

7. a. 派生語（「-ばむ」が接尾辞）　　b. 複合語　　c. それ以外の語（もとは「ジャガ＋イモ」の複合語でしたが、今は一つの語になっています。なお、ジャガはジャガタラが短くなったもので、現在のインドネシアのジャカルタのこと）　　d. 複合語　　e. 複合語　　f. 複合語　　h. 派生語（「まっ」が接頭辞）　　i. 派生語（「極める＋て」の派生語）

8. ①d　②ac　③ac　④d　⑤b　⑥d　⑦c　⑧d　⑨ac　⑩d
　③は木魂（キ＋タマ）から。④と⑧は「連声（れんじょう）」といわれます。カンノンでは、前の音節の「カン」の「ン」の影響で、後ろの音節の「オン」が「ノン」に変わっています。リンネでは、リン＋エがリンネに変わりました。

第3章

1. ①に、で、に、いる

「いる」は存在を表すので「に」を使います。「食べる」は動作を表すので「で」を使います。「お化け」は生きている人と同じように「いる」を使います。
② に、で
「〜に」は「飾ってある」ところ、つまり存在点を表します。「〜で」は写真展が行われるところ、つまり「動きの場所」を表します。写真展には実際には動きは感じられませんが、このようなイベント、出来事も文法的には「動き」「動作」と考えられます。
③ を、を
同じような意味で、「〜を出る」「〜を卒業する」と言います。英語のgraduate fromの影響で、「〜から卒業する」という間違いがよくあります。
④ を / から、から
主語が意志を持つ場合は「〜を出る」「〜から出る」のどちらも言えます。主語が意志を持たない場合は「〜を出る」は言えません。
2. ①に/と ②に ③に ④と ⑤と ⑥と ⑦に

第4章

1. ①女の子 ②博士（老人） ③関西人 ④武士 ⑤お嬢様 ⑥（ニセ）中国人 ⑦男の子 ⑧田舎者

第5章

1. ①熟達度テスト ②到達度テスト ③プレースメントテスト
2. ①信頼性 ②妥当性

索引

あ アクション・リサーチ —— 218
アクセント核 —— 22
アクティブ・ラーニング —— 221
アスペクト —— 176
アセスメント —— 225
頭高型 —— 23
アチーブメント・テスト —— 226
アップテーク —— 238
暗示的フィードバック —— 237

い eラーニング —— 223
異音 —— 9
イ形容詞 —— 96
意志動詞 —— 125
位相 —— 205
意味格 —— 159,164
隠語 —— 205
インタラクション —— 236
イントネーション —— 32

う ヴォイス —— 184
受身 —— 185

え SOV型 —— 84
エバリュエーション —— 225
エラー —— 239

お 奥舌 —— 10
尾高型 —— 23
オノマトペ —— 138
音声 —— 8
音声器官 —— 8,10

音節 —— 18,20
音素 —— 9

か が（助詞）—— 164
会意文字 —— 50
概念シラバス —— 219
外来語 —— 56
ガ格 —— 114
書きことば —— 149
格 —— 113
格助詞 —— 149
過去 —— 169
カタカナ —— 46
可能形 —— 130
カバー率 —— 52
カラ格 —— 114
カリキュラム —— 216,223
漢音 —— 55
漢語 —— 54
感情・感覚形容詞 —— 104
間接受身 —— 187

き 擬音語 —— 138,139
擬声語 —— 138,139
基礎語彙 —— 53
擬態語 —— 138,139
起点 —— 128
機能シラバス —— 220
技能シラバス —— 220
基本語彙 —— 52
客観的テスト —— 227
教案 —— 217

教科書体	50,51
教具	222
教材	222
強弱アクセント	22
共通語	202

く
唇	11
グループダイナミックス	236
クロンバックのα係数	228

け
経験指示	89,92
敬語の指針	203
形式名詞	86
形成的評価	225
形声文字	50
継続動詞	176
形容詞	96
形容動詞	96
結果動詞	177
言語能力	207
現場指示	89

こ
語彙	52
口蓋垂	11,17
硬口蓋	11,17
後舌	10
構造シラバス	218
高低アクセント	22
肯定的フィードバック	237
行動中心アプローチ	221
項目応答理論	227
公用語	205
呼応の副詞	136
コースデザイン	216
コーパス	76
呉音	55
国語	205
国字	56

ゴシック体	50,51
語順	84
こそあど	87
語頭	19
異なり語数	54
ことば	8
固有名詞	86
コロケーション	76
混種語	59

し
CAT	227
恣意性	139
CBT	227
子音	16,17
J-CAT	227
使役態	184
ジェスチャー	210
歯音	11
歯茎	11,17
歯茎硬口蓋	11,17
指示詞	86
指事文字	49
時制	169
舌	10
視点	189,190
自動詞	113,114
自動使役	117,123,124
シナリオドラマ	234
紙筆テスト	227
シラバス	217,218
社会言語能力	207
社会文化能力	207
終助詞	149
従属節	171
主観的テスト	226
授業計画	217
縮約語	67
授受動詞	127

主節	171
受動態	184,185
状況可能	132,135
象形文字	49
使用語彙	53
状態動詞	177
常用漢字	48
助詞	133
女性語	205
助動詞	96,140
診断的評価	225
す 数詞	86
スキミング	236
スキャニング	236
せ 声帯	12
声調	22
声門	12,17
舌根	10
接辞	66
舌先	10
接続詞	140
接続助詞	140
絶対テンス	174
絶対評価	227
舌端	10
前舌	10
そ 総括的評価	225
相対テンス	174
相対評価	227
促音	19,43
属性形容詞	104
た 大規模試験	226
体言	86
タイプ	54

代名詞	86
第四種の動詞	178
多義語	72
濁音	42
タ形	112
タスク	235
他動詞	113,114
他動使役	117,123,124
妥当性	228
男性語	205
ち 着点	128
中舌	10
調音	16
長音	19
調音点	16,17
調音法	16,17
直接受身	185
陳述副詞	136
て で（助詞）	156
てある	180
ティーチャートーク	206
ディスカッション	235
丁寧体	97
ディベート	235
ておく	180
デ格	114
テ形	111
天井効果	228
テンス	169
と と（助詞）	161
唐音	55
トークン	54
動詞	109
動詞のグループ	109
到達度テスト	226

な 中高型 ……………………………… 23
ナ形容詞 ……………………………… 96
生教材 ……………………………… 222
軟口蓋 ……………………………… 11,17

に に（助詞） ……………………………… 149
ニーズ分析 ……………………………… 216
ニ格 ……………………………… 114
二重分節性 ……………………………… 8
二重目的動詞 ……………………………… 123

ね ね（助詞） ……………………………… 168

の 能動態 ……………………………… 184
能力可能 ……………………………… 135
ノ格 ……………………………… 114
のだ ……………………………… 141
述べ語数 ……………………………… 54

は 歯 ……………………………… 11
は（助詞） ……………………………… 164
パーソナルスペース ……………………………… 210
媒介語 ……………………………… 236
拍 ……………………………… 21
破擦音 ……………………………… 16,17
弾き音 ……………………………… 16,17
派生語 ……………………………… 66
撥音 ……………………………… 19,20
話し言葉 ……………………………… 149
場面シラバス ……………………………… 219
破裂音 ……………………………… 16,17
半濁音 ……………………………… 43
反転授業 ……………………………… 221
反復 ……………………………… 237
半母音 ……………………………… 16,17

ひ PDCAサイクル ……………………………… 217,218
鼻音 ……………………………… 16,17
非過去 ……………………………… 169
美化語 ……………………………… 205
引き出し ……………………………… 237
ピクトグラム ……………………………… 42
非言語 ……………………………… 42
非言語コミュニケーション ……………………………… 210
鼻濁音 ……………………………… 19
ピッチ ……………………………… 33
否定的フィードバック ……………………………… 237
鼻母音 ……………………………… 20
表意文字 ……………………………… 42
表音文字 ……………………………… 42
評価 ……………………………… 225
表語文字 ……………………………… 42
標準語 ……………………………… 202
標準偏差 ……………………………… 228,230
ひらがな ……………………………… 42

ふ フィードバック ……………………………… 237
フォント ……………………………… 50
複合形容詞 ……………………………… 65
複合語 ……………………………… 23,60
複合動詞 ……………………………… 63
複合名詞 ……………………………… 61
副詞 ……………………………… 136
副詞句 ……………………………… 136
普通体 ……………………………… 97
普通名詞 ……………………………… 86
フラッシュカード ……………………………… 222
プレイスメント・テスト ……………………………… 225
プログレス・テスト ……………………………… 226
文型シラバス ……………………………… 218,221
文法格 ……………………………… 164
文法シラバス ……………………………… 218
文脈指示 ……………………………… 89,92

へ へ（助詞） ……………………………… 155
閉鎖音 ……………………………… 16

- **へ**
  - 平板型 ……………………… 23
  - ヘ格 ………………………… 114
- **ほ**
  - 母音 ……………………… 16,17
  - 方言 ………………………… 204
  - ポーズ ………………………… 35
  - ポートフォリオ ……………… 232
  - ボディーランゲージ ………… 210
- **ま**
  - 摩擦音 …………………… 16,17
  - まで（助詞） ………………… 163
  - マデ格 ……………………… 114
- **み**
  - ミニマル・ペア ……………… 14
  - ミステイク ………………… 239
  - 明朝体 …………………… 50,51
- **む**
  - 無意志動詞 ………………… 125
  - 無気音 ……………………… 13
  - 無声音 …………………… 13,17
  - 無声化 ……………………… 18
  - 無生物 ……………………… 124
- **め**
  - 明確化要求 ………………… 237
  - 名詞 ………………………… 86
  - 明示訂正 …………………… 237
  - 明示的フィードバック ……… 237
  - 命題 ………………………… 194
  - メタ言語説明 ……………… 237
- **も**
  - モーラ ……………………… 21
  - モダリティ ………………… 194
  - 持ち主の受身 …………… 185,188
- **や**
  - 役割語 ……………………… 206
  - やさしい日本語 …………… 206
  - やりもらい ………………… 127
- **ゆ**
  - 有気音 ……………………… 13
  - 有声音 …………………… 13,17
  - 有生物 ……………………… 124
  - 床効果 ……………………… 228
- **よ**
  - よ（助詞） ………………… 168
  - 拗音 ………………………… 43
  - 用言 ………………………… 86
- **ら**
  - ら抜き言葉 ………………… 131
- **り**
  - 理解語彙 …………………… 53
  - リキャスト ………………… 237
- **る**
  - 類義語 ……………………… 70
  - ルーブリック ……………… 232
- **れ**
  - レアリア …………………… 222
  - レディネス ………………… 216
- **ろ**
  - ロールプレイ ……………… 233
- **わ**
  - 和語 ………………………… 54
  - 和製英語 …………………… 58
  - 和製漢語 …………………… 55
  - 和製漢字 …………………… 56
  - 話題シラバス ……………… 218
- **を**
  - を（助詞） ………………… 159
  - ヲ格 ………………………… 114

参考文献

庵功雄・山内博之 (2015)『データに基づく文法シラバス』くろしお出版.
池田史子 (2013)「日本語Ⅰ(表記法)ポスター発表」日本高等教育開発協会.
岩田一成 (2015)「日本語教育初級文法シラバスの起源を追う:日本語初級教材はなぜこんなに重いのか?」『聖心女子大学論叢』聖心女子大学, 126号, 67-92.
金水敏 (2003)『ヴァーチャル日本語 役割語の謎』岩波書店.
久野暲 (1978)『談話の文法』大修館.
国立国語研究所 (1984)「日本語教育のための基本語彙調査」『国立国語研究所報告』78号, 国立国語研究所, 秀英出版.
国立国語研究所「外来語」委員会[編](2006)『「外来語」言い換え提案 第1回〜第4回 総集編— 分かりにくい外来語を分かりやすくするための言葉遣いの工夫 —』国立国語研究所「外来語」委員会.
砂川有里子代表 (2012)「汎用的日本語学習辞書開発データベース構築とその基盤形成のための研究」https://kaken.nii.ac.jp/ja/file/KAKENHI-PROJECT-23242026/23242026seika.pdf
土居光知 (1933)『基礎日本語』六星館.
土居光知 (1943)『日本語の姿』改造社.
ネウストプニー・J・V (1995)『新しい日本語教育のために』大修館書店.
藤村泰司 (2004)「動詞分類判別法—「辞書形」法が「ます形」法より優れている一つの理由—」International University of Japan, Working Papers Vol. 14, 29-35.
森敦子 (2014)「可能を表す『見える』『見られる』の研究—コーパスに見る母語話者と非母語話者の使用の異なり—」奈良教育大学 修士論文.
森田良行 (1989)『基礎日本語辞典』角川書店.
頼美麗 (2016)「会話授業におけるルーブリックによる評価の実践—学習者に与えた影響に関する一考察—」『別府大学日本語教育研究 別府大学日本語教育研究センター紀要』6号, 19-24
李金蓮 (1994)「「見える」「見られる」「見ることができる」について」『世界の日本語教育』4号, 185-191.
Lyster, Roy & Lelia Ranta (1997). Corrective feedback and learner uptake: Negotiation of form in communicative classrooms. Studies in Second Language Acquisition, Vol. 20, 37–66.

参考WEBページURL

「『見える』と『見られる』の違い」The Japan Form ひだまりヒント箱 (2018.4 19閲覧)
http://www.tjf.or.jp/hidamari/4_mondou/mondou20.html
「やさしい日本語」版 災害基礎語彙100」弘前大学人文学部社会言語学研究室 (2018.4 19閲覧)
http://human.cc.hirosaki-u.ac.jp/kokugo/EJ100go-top.html

著者

今井新悟（いまいしんご）　　https://www.shingo-imai.net/

早稲田大学日本語教育研究センター　教授

東京外国語大学大学院（日本語学修士）、ニューヨーク州立大学バッファロー校（Ph.D. 言語学）。日本語教育専門家（フィリピン大学）、専任講師（日本語国際センター）、日本語教育アドバイザー（国際交流基金ニューデリー事務所）（以上国際交流基金）、山口大学准教授、筑波大学教授を経て現職。研究分野は、日本語文法（モダリティ、格、受身）、認知言語学、言語類型論（指示詞）、言語テスト（J-CAT、自動採点スピーキングテスト）、eラーニング、コーパスなど。現在は、人工知能による日本語学習支援システム AI Nihongo Sensei の開発に取り組んでいる。

主な著書・論文：Japanese spatial deixis in crosslinguistic perspective. *Handbook of Japanese Contrastive Linguistics*, pp. 507-532, De Gruyter Mouton、『J-CATオフィシャルガイド：コンピュータによる自動採点日本語テスト』ココ出版、『日本語多義語学習辞典 形容詞・副詞編』アルクなど。

いちばんやさしい日本語教育入門

2018年 4月25日　初版　第1刷発行
2022年 5月16日　初版　第3刷発行

イラスト	碇優子
カバーデザイン	岡崎裕樹
DTP	朝日メディアインターナショナル
発行人	天谷修身
発行	株式会社アスク出版
	〒162-8558 東京都新宿区下宮比町 2-6
	TEL. 03-3267-6864　FAX. 03-3267-6867
	https://www.ask-books.com/
印刷・製本	図書印刷株式会社

許可なしに転載、複製することを禁じます。　Printed in Japan　ISBN978-4-86639-191-5

アンケートにご協力ください

 https://www.ask-books.com/support/